Inhaltsverzei

Vorwort

Christen kann man unmöglich vom Singen abhalten. Es ist eines der sicheren Zeichen für die Fülle des Heiligen Geistes, „dem Herrn zu singen und zu spielen im Herzen" (Epheser 5,18.19). Besonders wenn wir uns zum Gottesdienst versammeln, wäre unser Lobpreis ohne Lieder unvorstellbar. Deswegen ermuntern wir einander: „Kommt herzu, laßt uns dem Herrn frohlocken und jauchzen dem Hort unseres Heils!" (Psalm 95,1).

Alle Generationen haben neue Lieder geschrieben und veröffentlicht. Trotzdem hat das älteste Gesangbuch der Gemeinde, der Psalter, oder das Buch der Psalmen, nie seine Anziehungskraft verloren.

Jesus liebte die Psalmen. Er zitierte sie oft. Er legte einige im Hinblick auf seine Person aus. Er war Davids Sohn und Herr (Psalm 119), und der von den Bauleuten verworfene Stein, der zum Eckstein wurde (Psalm 118). Er sah sich auch in den schrecklichen Leiden eines unschuldigen Opfers, wie sie zum Beispiel in den Psalmen 22, 31, 41 und 59 beschrieben werden.

Der Grund, weshalb die Psalmen Christen so sehr anziehen, ist, daß sie die universale Sprache der menschlichen Seele sprechen.

„Das Buch der Psalmen", schrieb Rowland E. Prothero in *The Psalms in Human Life* (1904), „beinhaltet alle Arten von Musik des menschlichen Herzens". Wie immer unsere geistliche Stimmung sein mag, wir können sicher sein, daß es einen Psalm gibt, der sie widerspiegelt, ganz gleich, ob wir Sieg oder Niederlage erleben, freudige Erregung oder Niedergeschlagenheit, Freude oder Sorgen, Lob oder Zerknirschtheit, Erstaunen oder Zorn. Vor allem aber verkündigen die Psalmen die Größe des lebendigen Gottes als Schöpfer, Erhalter, König, Gesetzgeber, Erretter, Vater, Hirte und Richter. Indem wir ihn durch den Psalter besser kennenlernen, werfen wir uns vor ihm nieder und beten ihn an.

Ich habe im Verlag Hodder und Stoughton 1966 in der Reihe „Prayer Book Commentaries" ein Buch mit dem Titel *The Canticles and Selected Psalms* veröffentlicht. Es ist schon lange vergriffen. Deswegen bin ich Tim Dowley für die Anregung dankbar, einige dieser Auslegungen in überarbeiteter Form und mit Fotos illustriert erneut herauszugeben.

John Stott

Psalm 1

Der Weg des Gerechten und des Ungerechten

Hieronymus zitierte jemandes Meinung, der gesagt hatte, daß dieser erste Psalm das „Vorwort des Heiligen Geistes" zum Psalter sei. Das ist in der Tat eine sehr angemessene Einführung. Im ersten Psalm treffen wir auf zwei besondere Themen, die in vielen anderen Psalmen wieder aufgegriffen werden.

Das erste Thema ist der klar hervorgehobene Unterschied zwischen dem *Gerechten* und dem *Ungerechten.* Die Bibel als Ganzes, und besonders die Weisheitsliteratur, unterteilt die Menschheit in diese beiden Kategorien und erkennt keine dritte an. Die Psalmen 32, 36 und 112 vergleichen ebenfalls die Gerechten mit den Ungerechten.

Das zweite Thema betrifft das gegenwärtige Los und das ewige Schicksal der Menschen. Die ersten und die letzten Worte des ersten Psalms weisen auf die Alternativen hin. Gesegnet ist der Gerechte, der seine Freude an Gottes Gesetz findet; andererseits wird der Gottlose erwähnt, der verlorengeht. Dieser „Segen" oder „Fluch", wie Jeremia sie beschrieb, vielleicht als er sich mit diesem Psalm befaßte (siehe Jeremia 17,5-8), sind schon in diesem Leben erkennbar.

Indem er diese beiden Themen behandelt, nimmt der Autor des

Die Westmauer oder Klagemauer in Jerusalem, die ihren Namen der Klage der Juden über die Zerstörung des Tempels verdankt. Sie war der einzige Teil des Tempels, der ihnen fast ständig zugänglich war.

ersten Psalms nur das vorweg, was Jesus selbst später auch lehrte, nämlich, daß Männer und Frauen entweder auf dem breiten Weg sind, der zur Verdammnis führt, oder auf dem schmalen Weg, der zum Leben führt (Matthäus 7,13.14).

Der Gerechte wird gedeihen (Verse 1-4)

Über den Gerechten wird zunächst eine negative, dann eine positive Aussage gemacht. Er (oder sie) wandelt nicht im Rat der Gottlosen, tritt nicht auf den Weg der Sünder noch sitzt er/sie, wo die Spötter sitzen. Diese Ausdrücke sind sorgfältig zu einem dreifachen Gefüge von Parallelen zusammengesetzt worden: „wandeln, treten (oder stehen), sitzen", „Rat, Weg, Sitz" (im Deutschen steht hier kein Substantiv, wohl aber in anderen Sprachen, Anm. des Übersetzers), „Gottlose, Sünder, Spötter". Darüber hinaus wird eine sich verstärkende Negativtendenz deutlich. Die Gottesfürchtigen richten sich in ihrem Verhalten nicht

Wohl dem, der nicht wandelt im Rat der Gottlosen noch tritt auf den Weg der Sünder noch sitzt, wo die Spötter sitzen, sondern hat Lust am Gesetz des Herrn und sinnt über seinem Gesetz Tag und Nacht! Der ist wie ein Baum, gepflanzt an den Wasserbächen, der seine Frucht bringt zu seiner Zeit, und seine Blätter verwelken nicht. Und was er macht, das gerät wohl. Aber so sind die Gottlosen nicht, sondern wie Spreu, die der Wind verstreut. Darum bestehen die Gottlosen nicht im Gericht noch die Sünder in der Gemeinde der Gerechten. Denn der Herr kennt den Weg der Gerechten, aber der Gottlosen Weg vergeht. (Luther)

nach dem Rat gottloser Leute aus. Die Gott lieben halten sich nicht in der Gesellschaft hartnäckiger Übeltäter auf; noch weniger bleiben sie auf Dauer unter den Zynikern, die Gott offen verspotten.

Statt sich an solchen Leuten zu orientieren, machen die Gottesfürchtigen das Gesetz Gottes zu ihrem Maßstab (Vers 2). Dieses Gesetz (die Thora) bezieht sich nicht nur auf die Zehn Gebote, noch lediglich auf alle Vorschriften und Anweisungen des mosaischen Gesetzes, sondern auf die gesamte Offenbarung Gottes als Richtlinie für das Leben, die, obwohl durch Mose und die Propheten vermittelt, trotzdem das Gesetz Gottes ist, ein Ausdruck, der dem „Wort Gottes" so gut wie gleichkommt.

Das Gesetz des Herrn ist die Freude der Rechtschaffenen oder Gerechten. Dies ist ein Hinweis auf ihre Wiedergeburt, denn „die sündige Gesinnung steht Gott feindschaftlich gegenüber. Sie ist dem Gesetz Gottes nicht untertan und kann es auch nicht sein" (Römer 8,7). Als Folge des inwendigen, neuschaffenden Werkes des Heiligen Geistes kommt es jedoch dazu, daß die Gerechten Gottes Gesetz lieben, einfach deswegen, weil es ihnen den Willen ihres Gottes nahebringt. Sie lehnen sich nicht gegen seine strengen Forderungen auf; ihr ganzes Wesen stimmt ihnen zu und gibt ihnen Recht (vgl. Psalm 19; 40,8; 112,1; 119). Sie freuen sich am Gesetz Gottes, sinnen darüber nach und haben es Tag und Nacht beständig im Sinn.

Man glaubt, daß dies der Lieblingstext des Hieronymus war. Er war der Autor der alten lateinischen Version der Bibel. Seine Liebe zum Psalm 1 machte er durch sein Leben zweifellos deutlich, indem er unermüdlich seinen Bibelstudien nachging, zuerst in der Wüste, später fast 35 Jahre lang in seiner Grotte in der Nähe des Geburtsplatzes Jesu in Bethlehem. In der Tat, alle Christen wissen etwas von der Erfahrung des Psalmisten. Die tägliche Bibelbetrachtung ist für sie stets aufs neue eine Freude.

Dies ist also das Kennzeichen der Gerechten. Um Leitung für ihr Leben zu erhalten, richten sie sich nicht nach der öffentlichen Meinung noch nach den unzuverlässigen Modelaunen der gottlosen Welt, sondern nach dem offenbarten Wort Gottes, an dem sie sich freuen und über das sie nachdenken. Die Folge ist: sie sind wie ein Baum, am Wasser gepflanzt (Vers 3).

Dieses Bild kommt in der Bibel häufig vor. Auf welchen Baum es sich auch bezieht, immer wird deutlich, daß er sich des Geheimnisses ständiger Gesundheit und Kraft erfreut, daß seine Früchte zur rechten Zeit reif werden und seine Blätter nicht einmal unter der Sonnenhitze verwelken, weil der Baum durch seine Wurzeln beständige Wasserzufuhr und Nahrung hat. Ebenso erfrischen und kräftigen die Gerechten durch ihre tägliche Betrachtung des Gesetzes des Herrn ihre Seelen in Gott. Solch ein Baum ist fest verwurzelt; solchen Leuten gelingt, was immer sie auch tun, wie Josua.

Die Gottlosen werden vergehen (Verse 5,6)

„Aber so sind die Gottlosen nicht!" Ihr gegenwärtiger Zustand und ihr zukünftiges Schicksal sind völlig anders. Statt wie ein fruchttragender Baum zu sein, sind sie wie trockene, nutzlose Spreu. Statt am Wasser gepflanzt zu sein, treibt der Wind sie davon.

Auch dies ist ein Bild, das die Bibel gerne benutzt, weil es im Land der

Ein gottesfürchtiger Jude liest an der Klagemauer in der Heiligen Schrift. Seit 1967 ist der Bereich vor der Mauer zu einem großen öffentlichen Platz vergrößert worden.

Bibel und zur Zeit ihrer Niederschrift zum vertrauten Alltag gehörte (vgl. Psalm 35,5; Jesaja 17,13; Matthäus 3,12). Die Tenne war gewöhnlich ein harter, flacher Platz auf einem Hügel, der dem Wind ausgesetzt war. Der Weizen wurde mit großen Worfelschüsseln oder Wurfschaufeln in die Luft geworfen, wobei das kostbare Getreide zu Boden fiel und aufgelesen wurde, während die leichte Spreu vom Wind in alle Richtungen davongeblasen wurde.

Die Gottlosen sind in zweifacher Hinsicht wie die Spreu. Sie sind in sich selbst vertrocknet und nutzlos; das Gericht Gottes bläst sie hinweg. Die Grundvorstellung, die hinter dem hebräischen Wort für „Gottloser" steht, scheint die der Ruhelosigkeit zu sein (vgl. Jesaja 57,20.21). Ein Baum ist fest verwurzelt; die Spreu jedoch unbeständig. Wenn Gott sie in seinen gegenwärtigen Gerichten zu sichten beginnt, werden sie nicht bestehen, noch weniger am Tag des Endgerichts. Ja, sie können nicht einmal in der Gemeinde der Gerechten bestehen, denn sie gehören nicht zum gottesfürchtigen Rest seines Volkes.

Der Vers 6 ist ein allgemeiner Schluß des ganzen Psalms. Er unterscheidet zwischen dem Weg des Gerechten und dem Weg des Gottlosen. Uns wird zugesichert, daß der Herr über den Weg der Gerechten wacht, wogegen der Weg der Gottlosen vergeht.

Dämmerung über den Hügeln. „Herr, unser Herrscher, wie herrlich ist dein Name in allen Landen, der du zeigst deine Hoheit am Himmel!"

Psalm 8

Was ist der Mensch?

„Diese kurze, hervorragende Lyrik", wie C.S. Lewis sie nannte, beginnt und endet mit dem Satz: „Herr, unser Herrscher, wie herrlich ist dein Name in allen Landen." Sie besteht in einer Anerkennung der Majestät des Namens Gottes, oder der Natur, die Gottes Werke am Himmel und auf der Erde offenbart. Die Feinde Gottes, durch ihre stolze Rebellion verblendet, sehen seine Herrlichkeit nicht; aber die Kinder und Säuglinge verwirren sie. Jesus zitierte diese Worte, als ihn die Kinder im Tempel mit Hosianna-Rufen begrüßten, während die obersten Priester und Schriftgelehrten ihn verächtlich ablehnten. (Matthäus 21,15.16). Noch immer wird Gott verherrlicht durch den schlich-

Herr, unser Herrscher, wie herrlich ist dein Name in allen Landen, der du zeigst deine Hoheit am Himmel! Aus dem Munde der jungen Kinder und Säuglinge hast du eine Macht zugerichtet um deiner Feinde willen, daß du vertilgest den Feind und den Rachgierigen. Wenn ich sehe die Himmel, deiner Finger Werk, den Mond und die Sterne, die du bereitet hast: was ist der Mensch, daß du seiner gedenkst, und des Menschen Kind, daß du dich seiner annimmst?

ten Glauben von Kindern und durch die kindliche Demut christlicher Gläubiger (vgl. Matthäus 11,25.26; 1. Korinther 1,26-29).

Was in besonderer Weise staunende Anbetung beim Psalmisten hervorruft, ist die Zuwendung Gottes zu den Menschen (Verse 3, 4) und die Herrschaftsstellung, die Gott dem Menschen auf Erden gewährt hat (Verse 5-8). In Beziehung zueinander gesehen, befähigen uns diese beiden Wahrheiten zu einer ausgewogenen Beurteilung der Menschheit und zu einer angemessenen Antwort auf die rhetorische Frage des Psalmisten: „Was ist der Mensch?" (Vers 4). Was bedeutet es, Mensch zu sein?

Die Kleinheit der Menschen (Verse 3, 4)

Die Frage wurde durch die Betrachtung des nächtlichen Himmels aufgeworfen. Falls David der Autor dieses Psalms war, besteht wenig Zweifel daran, daß er sich hier auf Erfahrungen aus seiner Jugend beruft. Wenn er die Schafe hütete und die Herde seines Vaters in den Hügeln in der Umgebung Bethlehems weidete, schlief er oft unter freiem Sternenhimmel. Auf seinem Rücken liegend, betrachtete er die

---

Du hast ihn wenig niedriger gemacht als Gott, mit Ehre und Herrlichkeit hast du ihn gekrönt. Du hast ihn zum Herrn gemacht über deiner Hände Werk, alles hast du unter seine Füße getan: Schafe und Rinder allzumal, dazu auch die wilden Tiere, die Vögel unter dem Himmel und die Fische im Meer und alles, was die Meere durchzieht. Herr, unser Herrscher, wie herrlich ist dein Name in allen Landen! (Luther)

unendliche Weite über ihm und versuchte die klaren Tiefen des östlichen Himmels zu durchdringen. Er erkannte, daß der Himmel, wie auch der Mond und die Sterne, Gottes Werk sind (Vers 3), und während er sie in ihrer geheimnisvollen Größe betrachtete, rief er aus: „Was ist der Mensch, daß du seiner gedenkst, und des Menschen Kind, daß du dich seiner annimmst?" (Vers 4).

Wenn das vor fast dreitausend Jahren Davids Reaktion war, wieviel mehr sollten wir so reagieren, die wir im Zeitalter der Astrophysik und der Eroberung des Weltraums leben. Wenn wir die Planeten unseres Sonnensystems in ihren Umlaufbahnen betrachten, die im Vergleich mit den zahllosen, Millionen Lichtjahre entfernten Galaxien so unendlich klein sind, erscheint es uns unglaublich zu sein, daß der große Gott des Universums uns überhaupt bemerkt, geschweige denn für uns sorgt. Trotzdem tut er es; und Jesus sichert uns zu, daß selbst die Haare auf unserem Kopf alle gezählt sind.

Die Größe des Menschen (Verse 5-8)
Von der Kleinheit der Menschen im Vergleich mit der Unendlichkeit des Universums geht der Psalmist zur Größe über, die Gott dem Menschen auf Erden gegeben hat: „Du hast ihn wenig niedriger gemacht als Gott, mit Ehre und Herrlichkeit hast du ihn gekrönt. Du hast ihn zum Herrn gemacht über deiner Hände Werk, alles hast du unter seine Füße getan." (Verse 5, 6).

Unsere Stellung, die nur geringfügig niedriger ist als die himmlischer Wesen, sogar im Vergleich mit Gott, wird durch unsere Herrschaft ausgedrückt. Gott hat uns Menschen mit königlicher Souveränität ausgestattet, uns mit Ehre und Herrlichkeit gekrönt (Vers 5) und uns die Aufsicht über seine Werke übertragen. Es wird sogar festgehalten, daß Gott alles unter die Füße des Menschen getan hat.

Der Psalmist bezieht sich in erster Linie auf die Tierwelt, auf die Haustiere und die wilden Tiere, auf die Vögel in der Luft und die Fische im Meer sowie auf alle anderen Wesen, die in den Tiefen der Ozeane leben (Verse 7, 8). Das ist keine dichterische Fiktion. In dem Maße wie durch die wissenschaftliche Forschung mehr und mehr Geheimnisse des Universums enthüllt werden, wächst unsere Herrschaft. Trotzdem ist die Menschheit auch jetzt noch nicht tatsächlich Herr der Schöpfung, wo wir alles unter unseren Füßen hätten, wie es das Neue Testament in drei Versen zum Ausdruck bringt.

Gemäß Hebräer 2,5 und den folgenden Versen „sehen wir jetzt noch nicht, daß ihm alles untertan wäre". Dann wird sofort hinzugefügt: „Den aber, der eine kleine Zeit niedriger gewesen ist als die Engel, Jesus, sehen wir durch das Leiden des Todes gekrönt mit Preis und Ehre." Die Menschheit hat gesündigt und ist gefallen, folglich haben wir etwas von der Herrschaft verloren, die Gott uns zugesprochen hatte; aber in Jesus, dem zweiten Adam, ist diese Herrschaft wiederhergestellt worden. In ihm, viel mehr als in uns, zeigt sich die Herrschaft des Menschen. Durch seinen Tod hat er sogar den Teufel vernichtet und dessen Sklaven befreit (Verse 14,15). Jesus ist nun „gekrönt" und zur Rechten Gottes erhoben.

Obwohl die Beschreibung, die der Psalm von der Herrschaft des Menschen gibt, mehr auf den Menschen Jesus Christus als auf uns zutrifft, bezieht sie sich auch auf uns, wenn wir durch den Glauben an

Jesu Erhöhung teilhaben. Der Apostel Paulus schrieb, daß die überschwengliche Größe der Macht Gottes, die Jesus erhöht und alles unter seine Füße getan hat, uns Gläubigen zur Verfügung steht (Epheser 1,19-22). In der Tat, wir haben das erfahren, denn sie hat uns vom Sündentod erhoben, uns mit Christus erhöht und uns mit ihm an die himmlischen Orte versetzt, wo wir Teilhaber seines Sieges und seiner Herrschaft sind (Epheser 2,5.6).

Selbst dies ist aber nicht das Ende. Obwohl Christus weit über alle Regenten und Autoritäten erhöht worden ist und ihm potentiell alle Dinge unterworfen sind, haben noch nicht alle seine Feinde ihre Niederlage eingestanden bzw. vor ihm kapituliert. Erst wenn er in Herrlichkeit erscheinen wird und die Toten auferstehen werden, wird er „alle Herrschaft und alle Macht und Gewalt vernichten. Denn er muß herrschen, bis Gott ihm alle Feinde unter seine Füße legt. Der letzte Feind, der vernichtet wird, ist der Tod. Denn alles hat er unter seine Füße getan" (1. Korinther 15,24-27).

Ein jüdischer Junge liest in der Synagoge an der Klagemauer in der Heiligen Schrift. Die Synagoge liegt in der Nähe des sogenannten Wilson-Bogens, der einst ein Eingang zum Tempel war.

Psalm 15

Ein rechtschaffenes Leben

Die Frage (Vers 1)

„Herr, wer darf weilen in deinem Zelt? Wer darf wohnen auf deinem Heiligen Berge?" Gottes heiliger Berg war natürlich Jerusalem, und sein Heiligtum wahrscheinlich das Zelt, das die Bundeslade beherbergte, bevor Salomo den Tempel baute. In der Tat hat man im allgemeinen angenommen, daß dieser Psalm, wie auch Psalm 24, sich auf das bezieht, was in 2. Samuel 6,12-19 und 1. Chronik 15 und 16 berichtet wird, als David die Bundeslade aus dem Haus Obed-Edoms auf den Berg Zion in die Stadt Davids brachte und sie in dem Zelt aufstellte, das er für sie hatte aufschlagen lassen. In diesem Fall beschreibt der Psalm die moralische Herausforderung, die Gottes Gegenwart in ihrer Mitte für die Bewohner Jerusalems mit sich brachte.

Der Psalm hat jedoch eine breitere Anwendung als diese. Er fragt nach den Bedingungen, die nötig sind, damit irgendein Mensch sowohl in diesem wie auch im kommenden Leben in der Gegenwart Gottes wohnen kann. Dem Psalmisten ist klar, daß Jehova ein heiliger Gott ist, und daß die Sünder durch ihre Sünde von Gott getrennt sind. „Denn du bist nicht ein Gott, dem gottloses Wesen gefällt; wer böse ist, bleibt nicht vor dir" (Psalm 5,5). Wer kann dann also in der Gegenwart Gottes bleiben?

Herr, wer darf weilen
in deinem Zelt?
Wer darf wohnen
auf deinem heiligen Berge?

Wer untadelig lebt und tut,
was recht ist,
und die Wahrheit redet von Herzen,
wer mit seiner Zunge nicht verleumdet,
wer seinem Nächsten nichts Arges tut
und seinen Nachbarn nicht schmäht;
wer die Verworfenen für nichts achtet,
aber ehrt die Gottesfürchtigen;
wer seinen Eid hält,
auch wenn es ihm schadet;
wer sein Geld nicht auf Zinsen gibt
und nimmt nicht Geschenke
wider den Unschuldigen.

Wer das tut, wird nimmermehr wanken.

(Luther)

Ein arabischer Händler
auf dem Gemüsemarkt in
Bethlehem

Die Antwort (Verse 2-6)

Der Psalmist beantwortet nun seine eigene Frage und beschreibt die Art von Personen, die in die Nähe Gottes kommen dürfen. Er zeichnet ein attraktives Bild. In der Tat gibt es niemanden, der diesem Ideal in perfekter Weise entsprochen hätte, mit Ausnahme des Menschen Jesus Christus. Er allein trat dank seiner eigenen Verdienste in die himmlische Gegenwart Gottes ein; für uns ist der Zugang nur durch Christus möglich.

Da wir aber durch Christus Gott nahegebracht worden sind, können wir nur dann fortdauernde Gemeinschaft mit ihm genießen, wenn wir durch seine Gnade die Art von geheiligtem Leben führen, wie es dieser

Psalm beschreibt. Es geht um gesellschaftliche Heiligkeit. Das heißt, sie betrifft in vollem Maße unsere Pflichten unseren Mitmenschen gegenüber, da wir keine geordnete Beziehung zu Gott haben können, ohne auch mit unseren Mitmenschen geordnete Beziehungen zu haben. Wir können nicht erwarten, in Gottes Gegenwart bleiben zu können, wenn wir nicht das Wohl unserer Mitmenschen im Auge haben.

Die Menschen, die Gemeinschaft mit Gott haben dürfen, werden als untadelig (Vers 2) beschrieben. Es sind Menschen, die sich durch so vollständige charakterliche Integrität auszeichnen, daß sie tun was richtig ist und reden was wahr ist. Darüber hinaus sagen sie von Herzen die Wahrheit, denn sie meinen stets auch was sie sagen. Es besteht also Übereinstimmung zwischen ihrem Denken, Reden und Tun.

Diese allgemeine und positive Aussage wird nachfolgend illustriert durch besondere und im großen und ganzen negative Beispiele. In der Tat, gerade vor dem Hintergrund dieser negativen Beispiele tritt die positive Haltung der untadelig lebenden Menschen strahlend hervor.

Zunächst schaden sie keinem ihrer Mitmenschen durch das, was sie sagen oder tun (Vers 3). Weder verleumden sie sie, noch tun sie ihnen Unrecht, noch schmähen sie sie. Dieser letzte Ausdruck bedeutet wahrscheinlich entweder, daß sie den Klatsch nicht weitergeben, der über ihre Nachbarn im Umlauf ist, oder daß sie keinen unfairen Vorteil daraus ziehen, wenn ein Mitmensch angefeindet wird. Zweitens haben sie Unterscheidungsvermögen, wenn es um die Einschätzung oder Beurteilung anderer geht (Vers 4). Sie fürchten sich nicht, ihr Mißfallen über gottlose Menschen auszudrücken. Drittens befolgen sie treu ihre Versprechungen, selbst wenn das für sie selbst Unannehmlichkeiten oder Nachteile mit sich bringt. Sie sind Menschen, die zu ihrem Wort stehen (Vers 5). Viertens beuten sie niemals die Armen aus, noch unterdrücken sie die Unschuldigen (Vers 6).

Genauer gesagt: sie verleihen kein Geld zu Wucherzinsen, noch nehmen sie Bestechungsgelder an. Uns werden hier zwei vertraute Figuren aus alttestamentlicher Zeit vorgestellt — der ausbeuterische Geldverleiher und der ungerechte Vorsteher, der um eines Bestechungsgeldes willen die Gerechtigkeit verkehrt. Beides war durch das Gesetz verboten (2. Mose 22,25; 3. Mose 25,35-38 und 2. Mose 23,6-8; 5. Mose 16,19; 27,25) und wurde von den Propheten angeprangert (siehe z. B. Hesekiel 22,12).

Die Behauptung (Vers 7)

Der Psalmist hat gefragt, wer in Gottes Gegenwart bleiben darf, und er hat seine eigene Frage beantwortet, indem er eine Person beschrieben hat, die ihre Nachbarn oder ihre Mitmenschen liebt. Er bleibt jedoch dabei nicht stehen. Solche Leute, folgert er, werden nicht nur im Heiligtum Gottes bleiben; sie werden auch unerschütterlich sein. Im Gegenteil, sie werden in all den Anfechtungen dieses Lebens und am Tage des Gerichts fest und unerschütterlich sein.

Psalm 16

Glaube in der Gegenwart und Hoffnung für die Zukunft

Obwohl dieser Psalm mit einem Gebet beginnt (Bewahre mich, Gott; denn ich traue auf dich), ist er doch in Wirklichkeit das Zeugnis eines Gläubigen im Hinblick auf seinen gegenwärtigen Glauben und seine zukünftige Hoffnung. Indem er bei Gott Zuflucht gesucht hat (Vers 1), hat er in ihm sein größtes Gut gefunden (Verse 2,6,7) und ist überzeugt, daß ihm selbst der Tod nicht das wahre Leben nehmen kann, das in der Gemeinschaft mit Gott besteht (Verse 11,12). Diese abschließenden Verse wurden von Petrus am Pfingsttag und von Paulus in der Synagoge von Antiochien in Pisidien auf die Auferstehung Jesu Christi angewandt (Apostelgeschichte 2,24-31; 13,34-37).

Der gegenwärtige Glaube (Verse 1-6)

Was es bedeutet, sein Vertrauen auf Gott zu setzen oder Zuflucht bei ihm zu suchen (Vers 1), wird in Vers 2 erklärt (vgl. Psalm 73,24). Der Gläubige hat sich von den Vergnügungen der Sünde und den Eitelkeiten der Welt abgewandt, um in Gott sein Gut zu suchen und zu finden. Indem er sich an Gott erfreut, erfreut er sich auch an denen, die gottgemäß leben, an den Heiligen (Vers 3).

An den Gottlosen jedoch, die sich von der Wahrheit abgewandt und den lebendigen Gott um ihrer Götzen willen verlassen haben (Vers 4), hat der Gläubige keine Freude. Er weiß, daß große Not auf sie zukommt — ihre Sorgen werden zunehmen. Er bekennt seine Entschlossenheit, sich nicht an ihren götzendienerischen Trankopfern aus Blut zu beteiligen, noch die Namen ihrer falschen Gottheiten in den Mund zu nehmen (Vers 5). Das zu tun, wäre unvereinbar mit seiner ganzherzigen Hingabe an den Herrn, von dem er in der Folge mit den erhabensten Ausdrücken schreibt (Verse 5,6).

Bewahre mich, Gott; denn ich traue auf dich.
Ich habe gesagt zu dem Herrn: Du bist ja der Herr! Ich weiß von keinem Gut außer dir.
An den Heiligen, die auf Erden sind, an den Herrlichen hab ich all mein Gefallen.
Aber jene, die einem andern nachlaufen, werden viel Herzeleid haben.
Ich will das Blut ihrer Trankopfer nicht opfern noch ihren Namen in meinem Munde führen.
Der Herr ist mein Gut und mein Teil; du erhältst mir mein Erbteil.
Das Los ist mir gefallen auf liebliches Land; mir ist ein schönes Erbteil geworden.

Ich lobe den Herrn, der mich beraten hat; auch mahnt mich mein Herz des Nachts.
Ich habe den Herrn allezeit vor Augen; steht er mir zur Rechten, so werde ich festbleiben.
Darum freut sich mein Herz, und meine Seele ist fröhlich; auch mein Leib wird sicher liegen.
Denn du wirst mich nicht dem Tode überlassen und nicht zugeben, daß dein Heiliger die Grube sehe.
Du tust mir kund den Weg zum Leben: Vor dir ist Freude die Fülle und Wonne zu deiner Rechten ewiglich.
(Luther)

Das Gartengrab in Ost-Jerusalem. Obwohl es ziemlich unwahrscheinlich ist, daß Jesus in genau dieses Grab gelegt wurde und von dort auferstand, empfinden viele Besucher diesen Garten als einen Ort der Ruhe.

Der Herr hat ihm sein Erbteil zugedacht (das spielt wahrscheinlich eher auf eine Nahrungsration als auf Landbesitz an) und sein Becherteil, also zweierlei, um seinen Hunger und seinen Durst zu stillen. Darüber hinaus hat er in Gott ein Erbe gefunden, das ihn erfreut, so wie die levitischen Priester, die kein Erbteil in Kanaan erhalten hatten, weil Gott ihr Erbteil war (vgl. z. B. 4. Mose 18,20).

Hoffnung für die Zukunft (Verse 7-11)
David, der nach den Aposteln Petrus und Paulus der Autor dieses Psalms war, bricht nun in Danksagung aus (Vers 7). Er dankt dafür, daß Gott ihn beraten hat und daß sein Herz ihn des Nachts ermahnt. Was diese göttliche Unterweisung ist, gibt er im einzelnen nicht an. Es scheint am besten zu sein, diese auf die restlichen Verse des Psalms zu beziehen.

Gott naht sich zu David und spricht zu ihm; sein eigenes Herz unterweist ihn während der Ruhe der Nacht, während er nachdenkt über seine innige Beziehung zu Gott. Er lernt, aus einer Erfahrung eine beeindruckende Schlußfolgerung zu ziehen, nämlich, daß er fest bleiben wird, weil Gott immer vor ihm und neben ihm ist (Vers 8). „Ich werde festbleiben." Mit anderen Worten: Der Segen seiner Gemeinschaft mit Gott kann nicht nur auf seine Zufriedenheit begrenzt werden; er bietet ihm darüber hinaus auch Sicherheit. Sein gegenwärtiger Glaube bringt eine Hoffnung für die Zukunft mit sich.

David freut sich nachfolgend mit Herz und Seele, weil er davon überzeugt ist, daß sein Leib auch sicher liegen wird (Vers 9). Er fährt fort, diese seine neue Gewißheit in direkter Rede, an Gott gewandt, auszuführen (Verse 11,12).

Für diese Verse gibt es drei mögliche Interpretationsebenen, die alle gleichermaßen wahr sind. Wörtlich gesehen drücken sie die Zuversicht des Schreibers aus, daß er nicht sterben wird, d. h. daß seine Seele nicht dem Grab ausgeliefert werden wird — die Übersetzung des hebräischen *sheol*, Ort der Toten — noch daß sein Leib den Verfall erleben wird. Wir kennen nicht die historischen Umstände, unter denen der Psalm geschrieben wurde, es kann jedoch möglich sein, daß er Ausdruck der Zuversicht ist, die David in den Monaten aufrecht erhielt, in denen er ein Verstoßener war und darauf vertraute, daß er nicht in die Hand Sauls fallen würde.

Die Auswirkungen dieser Verse reichen jedoch weiter. Die natürliche Folge der Erlösung vom Tod ist das Gehen auf dem Weg des Lebens, und dieses Leben wird mehr als das bloße körperliche Überleben angesehen. Es umfaßt auch die Freude an der Gegenwart Gottes, die Wonne und ewige Freuden mit sich bringt. Dies ist in der Tat das, was das Neue Testament „ewiges Leben" nennt, Gemeinschaft mit Gott, die der körperliche Tod nicht unterbrechen kann. Es ist unwahrscheinlich, daß David in vollem Maße verstanden hat, was er da schrieb, da das Leben und die Unsterblichkeit erst durch Jesus Christus klar geoffenbart worden sind (2. Timotheus 1,10); trotzdem finden seine Worte ihre wahre Erfüllung erst in der Vollendung des ewigen Lebens nach dem Tod.

Als Petrus diese Verse auf die Auferstehung Jesu anwandte, ging er so weit, zu sagen, daß David sie nicht in erster Linie auf sich selbst bezogen haben konnte, da er starb und begraben wurde. Dann fuhr Petrus fort: „Da er nun ein Prophet war und wußte, daß ihm Gott verheißen hatte mit einem Eid, daß ein Nachkomme von ihm auf seinem Thron sitzen sollte, hat er's vorausgesehen und von der Auferstehung des Christus gesagt: Er ist nicht dem Tod überlassen, und sein Leib hat die Verwesung nicht gesehen." (Apostelgeschichte 2,30.31).

Wir müssen uns davor hüten, Petrus mehr in den Mund zu legen als er tatsächlich gesagt hat. Er selbst erklärt in seinem ersten Brief (1. Petrus 1,10-12), daß die Propheten nicht völlig verstanden, worauf der Geist Christi, der in ihnen war, hinwies, als er die Leiden Christi und seine nachfolgende Herrlichkeit vorhersagte. Wir sollten deswegen nicht behaupten, daß David eine bewußte Voraussage der Auferstehung Christi machte, die er selbst nicht voll verstand. Es genügt, zu sagen, daß er vom Geist der Prophetie erfaßt, geleitet wurde, diese Worte über den Sieg über den Tod, die Fülle des Lebens und die Freude in der Gegenwart Gottes zu schreiben, die ihre endgültige Erfüllung nicht in seiner eigenen Erfahrung fanden, sondern in der seines erhabenen Nachfahren.

Psalm 19

Die Selbstoffenbarung Gottes

Nach C.S. Lewis ist dies „das großartigste Gedicht des Psalters und eines der bewundernswertesten lyrischen Werke auf dieser Welt". Vom christlichen Standpunkt aus gesehen enthält dieser Psalm die deutlichste Zusammenfassung der Lehre der alttestamentlichen Offenbarung, nämlich daß Gott sich selbst der ganzen Menschheit zu erkennen gegeben hat als Schöpfer (Verse 1-6), Israel als der Gesetzgeber (Verse 7-10), und dem einzelnen Menschen als der Erlöser (Verse 11-14).

Die allgemeine Offenbarung (Verse 1-6)

Die Menschen können nicht behaupten, nichts von Gott gewußt zu haben, da Gott nie aufhört, sich in einer Weise zu offenbaren, die man „allgemein" nennt, weil sie allen Menschen überall gilt. Der Apostel Paulus drückte es wie folgt aus: „Gott hat sich selbst nicht unbezeugt gelassen" (Apg. 14,17; vgl. Apg. 17,22-28 und Römer 1,20).

Dieses Zeugnis besteht in der Natur, und hier besonders in den Himmeln, die die Herrlichkeit Gottes verkündigen, weil sie das Werk seiner Hände sind (Vers 1). Wieviel mehr offenbaren heute die Himmel Gottes Herrlichkeit und Größe, da sie durch die Kosmologie der modernen Astrophysik „ihre unendliche Weite, Glanz und Ordnung zeigen und voller Geheimnisse sind", wie es ein Kommentator ausdrückte.

Gottes Selbstzeugnis durch die Himmel hat drei Kennzeichen. Erstens ist es fortdauernd: „Ein Tag sagt's dem andern, und eine Nacht tut's kund der andern" (Vers 2). Das Zeugnis wird ununterbrochen gegeben. Zweitens ist es überschwenglich. Das Verb in Vers 2 ist ausdrucksstark: Sie (die Himmel) lassen ihre Rede ausgehen. Drittens ist es universal. Obwohl es ohne Sprache und ohne Worte zugeht (Vers 4), erreicht die Botschaft der Himmel trotzdem durch das, was zu sehen ist, mehr als durch das, was zu hören ist, die Enden der Erde (Vers 5). Paulus wendet diesen letztgenannten Vers sogar auf die weltweite Ausbreitung des Evangeliums an. (Römer 10,18).

Die Sonne ist ein besonderes Beispiel dieses universalen Zeugnisses von Gott durch die Himmel. In seiner bildlichen Vorstellungskraft, die man natürlich nicht wörtlich verstehen sollte, vergleicht der Psalmist den Sonnenaufgang mit dem Hinausgehen eines Bräutigams aus seiner Kammer, und deren Tageslauf am Himmel mit dem Lauf eines Athleten; nichts bleibt vor ihrer Glut verborgen (Vers 7).

Die besondere Offenbarung (Verse 7-10)

Plötzlich und ohne Vorwarnung ändert sich das Thema und wechselt von der allgemeinen und natürlichen Offenbarung Gottes durch die Schöpfung zu seiner besonderen und übernatürlichen Offenbarung durch die Thora, „das Gesetz". Dies bezieht sich nicht nur auf das Gesetz des Mose, sondern auf die gesamten Schriften des Alten Testaments. Obwohl der Übergang abrupt ist, ist er doch nicht willkürlich.

Sonnenuntergang am See Genezareth. „Die Himmel erzählen die Herrlichkeit Gottes, und die Feste verkündigt seiner Hände Werk.“

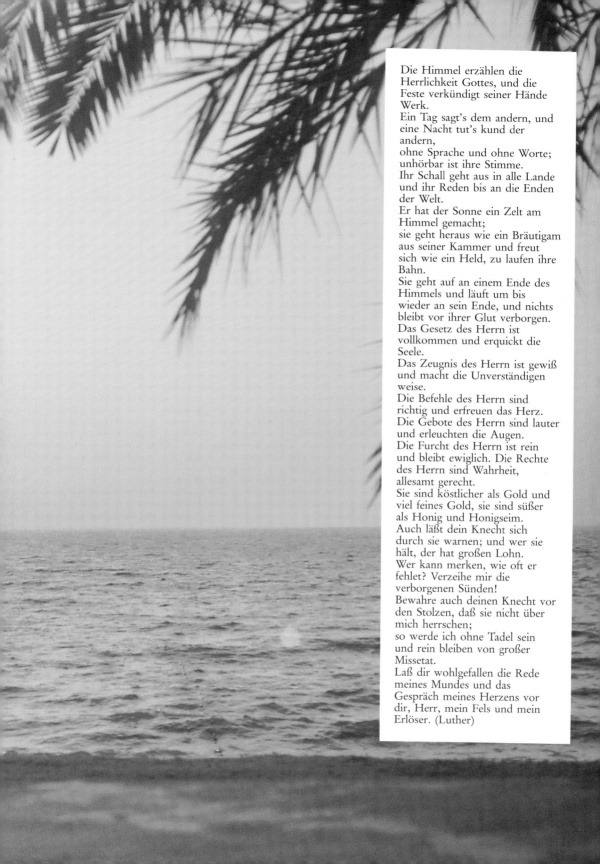

Die Himmel erzählen die Herrlichkeit Gottes, und die Feste verkündigt seiner Hände Werk.

Ein Tag sagt's dem andern, und eine Nacht tut's kund der andern,

ohne Sprache und ohne Worte; unhörbar ist ihre Stimme.

Ihr Schall geht aus in alle Lande und ihr Reden bis an die Enden der Welt.

Er hat der Sonne ein Zelt am Himmel gemacht;

sie geht heraus wie ein Bräutigam aus seiner Kammer und freut sich wie ein Held, zu laufen ihre Bahn.

Sie geht auf an einem Ende des Himmels und läuft um bis wieder an sein Ende, und nichts bleibt vor ihrer Glut verborgen.

Das Gesetz des Herrn ist vollkommen und erquickt die Seele.

Das Zeugnis des Herrn ist gewiß und macht die Unverständigen weise.

Die Befehle des Herrn sind richtig und erfreuen das Herz.

Die Gebote des Herrn sind lauter und erleuchten die Augen.

Die Furcht des Herrn ist rein und bleibt ewiglich. Die Rechte des Herrn sind Wahrheit, allesamt gerecht.

Sie sind köstlicher als Gold und viel feines Gold, sie sind süßer als Honig und Honigseim.

Auch läßt dein Knecht sich durch sie warnen; und wer sie hält, der hat großen Lohn.

Wer kann merken, wie oft er fehlet? Verzeihe mir die verborgenen Sünden!

Bewahre auch deinen Knecht vor den Stolzen, daß sie nicht über mich herrschen;

so werde ich ohne Tadel sein und rein bleiben von großer Missetat.

Laß dir wohlgefallen die Rede meines Mundes und das Gespräch meines Herzens vor dir, Herr, mein Fels und mein Erlöser. (Luther)

Sowohl die Himmel wie auch das Gesetz machen beide Gott bekannt. Darüber hinaus mag C.S. Lewis Recht haben, wenn er eine Verbindung zwischen der alles durchdringenden Glut der Sonne und dem Gesetz zu entdecken meint, wobei „die durchdringende und reinigende Sonne zum Abbild des durchdringenden und reinigenden Gesetzes wird".

Die Themaveränderung fällt zusammen mit einer bedeutenden Veränderung des Gottesnamens. Derjenige, der sich allen Menschen in der Natur offenbart, ist Gott, auf Hebräisch El (Vers 1), der Gott der Schöpfung; aber es ist der Herr Jahwe (sieben mal in der zweiten Hälfte des Psalmes erwähnt), der Gott des Bundes, der sich seinem Bundesvolk Israel durch das Gesetz offenbar hat. Es geht nun nicht um eine Offenbarung seiner Herrlichkeit, sondern seines Willens, und dessen Vorzügen wird in perfekten hebräischen Parallelismen Ausdruck verliehen (Verse 8-10).

Die Symmetrie dieser Verse ist so exakt, daß jeder von ihnen mit einem anderen Aspekt des Willens Gottes beginnt und in der Folge beschreibt, worin er besteht und was er bewirkt. Das Gesetz, oder die göttliche Unterweisung, ist folglich vollkommen und gibt Zeugnis von der Natur Gottes, ausgedrückt in seinem Willen. Es besteht aus besonderen Richtlinien, Anordnungen und Befehlen. Deren Vollkommenheit wird durch die Tatsache verdeutlicht, daß sie zuverlässig, richtig, erleuchtend, rein, gewiß und durch und durch gerecht sind. Man nennt sie auch „die Furcht des Herrn" (Vers 10), weil es das große Ziel der ganzen Offenbarung ist, demütige und ehrfürchtige Anbetung Gottes zu bewirken. Von der Offenbarung des Willens Gottes wird ausgesagt, daß sie rein ist.

Der Psalmist betrachtet jedoch nicht nur das Gesetz des Herrn, so wie es in sich selbst ist; er schildert dazu auch seine wohltuenden Wirkungen, die die Seele beleben, das Herz erfreuen und, vor allem weise machen (Vers 8) und erleuchten (Vers 9). Und zwar diejenigen, die demütig genug sind, oder (wie unser Herr später lehrte) kindlich genug, um dafür empfänglich zu sein. Die dem Gesetz Gottes innewohnenden Qualitäten und gesund machenden Wirkungen machen es „köstlicher als Gold ... und süßer als Honig und Honigseim" (Vers 11).

Es mag uns überraschen, daß der Schreiber Gottes Gesetz nicht als Last empfand. Wir mögen wie C.S. Lewis den Eindruck haben, daß der Hinweis auf die Süße des Gesetzes auf den ersten Blick „sehr mysteriös" und sogar „äußerst verwirrend" erscheint. Die Erklärung ist nicht nur die, daß die Gesetze gerecht, noch daß die Verheißungen zuverlässig waren, sondern daß das Gesetz die Offenbarung Gottes war, das besondere Mittel, das er gewählt hatte, um sich seinem Volk Israel bekanntzumachen.

Die persönliche Offenbarung (Verse 12-15)

In Vers 12 erwähnt der Psalmist sich zum ersten Mal selbst. Er hatte zuvor beschrieben, wie die ganze Erde (Vers 5) die Herrlichkeit Gottes aus der Natur ersehen kann, und wie die Unverständigen (Vers 8) aus Gottes Gesetz Weisheit erhalten können. Er beschließt jedoch diesen Psalm, indem er seine persönlichen geistlichen Bestrebungen als Diener Gottes kundtut (Verse 12,14).

Er hat selbst nützliche Warnungen in Gottes Gesetz gefunden und

Ein Pilger im Heiligen Land. „Laß dir wohlgefallen die Rede meines Mundes und das Gespräch meines Herzens vor dir, Herr, mein Fels und mein Erlöser."

weiß, daß die Erfüllung der Vorschriften Gottes großen Lohn mit sich bringt (Vers 12). Er scheint durch seine eigene Erfahrung den doppelten Zweck des göttlichen Gesetzes entdeckt zu haben, nämlich, die Sünde aufzuzeigen (Römer 3,20) und Heiligkeit zu fördern. Beides zusammen führt ihn dazu, um Reinigung von verborgenen Sünden zu bitten (Vers 13), die er begangen hat, und von „großer Missetat", die er gerne vermeiden möchte. Der Psalmist bezieht sich hier nicht auf eine besonders schwere Sünde, oder gar auf die Lästerung des Heiligen Geistes (wie der arme John Bunyan dachte), sondern auf alle bewußten bösen Taten, auf bewußt begangene Sünden (4. Mose 15,30.31).

Der Psalm endet mit einem Gebet, das oft von christlichen Predigern vor ihrer Predigt wiederholt wird. In ihm geht der Palmist über seine Bitte um Befreiung hinaus und kommt zu einem positiven und sehr persönlichen Wunsch, nämlich, daß alle seine Worte, ja sogar seine Gedanken Gott gefallen mögen, den er nun als seinen Fels („Stärke") und Erlöser bezeichnet. Die Erlösung als solche ist negative Befreiung von Sünde; sie muß ergänzt werden durch ein Gott wohlgefälliges Leben (vgl. Titus 2,14).

Psalm 22

Das Leiden und die Herrlichkeit des Christus

Dies ist der erste einer Reihe sogenannter „Leidenspsalmen" im Psalter, die das Leiden und die Verfolgung eines unschuldigen Opfers mit Ausdrücken beschreiben, die an den leidenden Gottesknecht im zweiten Teil des Buches Jesaja erinnern. Obwohl einige Ausleger gemeint haben, daß der göttliche Leidende eher ideal als real sei und vielleicht die Nation Israel während ihres Exils unter den Heiden darstelle, ist die Beschreibung seiner Anfechtungen so lebhaft und detailliert, daß sie zweifellos eine wahre und wörtliche Erfahrung wiedergibt.

Trotzdem können die Augen von Christen diesen Psalm nicht lesen,

Mein Gott, mein Gott, warum hast du mich verlassen? Ich schreie, aber meine Hilfe ist ferne.
Mein Gott, des Tages rufe ich, doch antwortest du nicht, und des Nachts, doch finde ich keine Ruhe.
Du aber bist heilig, der du thronst über den Lobgesängen Israels.
Unsere Väter hofften auf dich; und da sie hofften, halfst du ihnen heraus.
Zu dir schrien sie und wurden errettet, sie hofften auf dich und wurden nicht zuschanden.
Ich aber bin ein Wurm und kein Mensch, ein Spott der Leute und verachtet vom Volke.
Alle, die mich sehen, verspotten mich, sperren das Maul auf und schütteln den Kopf:
„Er klage es dem Herrn, der helfe ihm heraus und rette ihn, hat er Gefallen an ihm."
Du hast mich aus meiner Mutter Leibe gezogen; du ließest mich geborgen sein an der Brust meiner Mutter.
Auf dich bin ich geworfen von Mutterleib an, du bist mein Gott von meiner Mutter Schoß an.
Sei nicht ferne von mir, denn Angst ist nahe; denn es ist hier kein Helfer.
Gewaltige Stiere haben mich umgeben, mächtige Büffel haben mich umringt.

Ihren Rachen sperren sie gegen mich auf wie ein brüllender und reißender Löwe.
Ich bin ausgeschüttet wie Wasser, alle meine Knochen haben sich voneinander gelöst; mein Herz ist in meinem Leibe wie zerschmolzenes Wachs.
Meine Kräfte sind vertrocknet wie eine Scherbe, und meine Zunge klebt mir am Gaumen, und du legst mich in des Todes Staub.
Denn Hunde haben mich umgeben, und der Bösen Rotte hat mich umringt; sie haben meine Hände und Füße durchgraben.
Ich kann alle meine Knochen zählen; sie aber schauen zu und sehen auf mich herab.
Sie teilen meine Kleider unter sich und werfen das Los um mein Gewand.
Aber du, Herr, sei nicht ferne; meine Stärke, eile, mir zu helfen!
Errette meine Seele vom Schwert, mein Leben von den Hunden!
Hilf mir aus dem Rachen des Löwen und vor den Hörnern wilder Stiere — du hast mich erhört!
Ich will deinen Namen kundtun meinen Brüdern, ich will dich in der Gemeinde rühmen:
Rühmet den Herrn, die ihr ihn fürchtet; ehret ihn, ihr alle vom

Hause Jakob, und vor ihm scheut euch, ihr alle vom Hause Israel!
Denn er hat nicht verachtet noch verschmäht das Elend des Armen und sein Antlitz vor ihm nicht verborgen; und als er zu ihm schrie, hörte er's.
Dich will ich preisen in der großen Gemeinde, ich will mein Gelübde erfüllen vor denen, die ihn fürchten.
Die Elenden sollen essen, daß sie satt werden; und die nach dem Herrn fragen, werden ihn preisen; euer Herz soll ewiglich leben.
Es werden gedenken und sich zum Herrn bekehren aller Welt Enden und vor ihm anbeten alle Geschlechter der Heiden.
Denn des Herrn ist das Reich, und er herrscht unter den Heiden.
Ihn allein werden anbeten alle, die in der Erde schlafen; vor ihm werden die Knie beugen alle, die zum Staube hinabfuhren und ihr Leben nicht konnten erhalten.
Er wird Nachkommen haben, die ihm dienen; vom Herrn wird man verkündigen Kind und Kindeskind.
Sie werden kommen und seine Gerechtigkeit predigen dem Volk, das geboren wird. Denn er hat's getan.
(Luther)

noch die Lippen von Christen ihn singen, ohne ihn auf die Leiden Christi und seine nachfolgende Herrlichkeit anzuwenden. Jesus zitierte nicht nur seine Eingangsworte als einen seiner sieben Aussprüche am Kreuz (Matthäus 27,46; Markus 15,34); auch der Spott der Verse 8 und 9 wurde von den Priestern wiederholt (Matthäus 27,39-44; Markus 15,31-32; Lukas 23,35). Von den Soldaten wird ausgesagt, daß sie die Aufteilung seiner Kleidung (Vers 19) vollzogen (Johannes 19,23.24), und der Vers 23 wird in Hebräer 2,11.12 auf Christus angewandt. Darüber hinaus stellt der Todeskampf des Leidenden in den Versen 15 bis 18 — seine voneinander gelösten Knochen, sein Durst, seine durchgrabenen Hände und Füße — eine bemerkenswerte Beschreibung der Schrecken der Kreuzigung dar, obwohl sie nicht auf Christus hin im Neuen Testament zitiert werden.

Der Psalm besteht aus zwei kontrastierenden Teilen.

Der Angstschrei (Vers 1-22)

Der Leidende schreit seine quälende, an Gott gerichtete Frage hinaus: „Warum hast du mich verlassen?" Das Schlimmste an seinem Leiden ist weder der körperliche Schmerz noch der Spott seiner Verfolger, auf die er später zu sprechen kommt, sondern sein Empfinden, von Gott verlassen worden zu sein. Seine Frage ist durch Verwunderung gekennzeichnet, nicht durch Verzweiflung oder Bitterkeit. In der Tat, das Berührende an seinem Zustand ist, daß er fortfährt, sich dreimal im Glauben an Gott zu wenden und ihn „mein Gott" zu nennen, während er von ihm verlassen ist und keine Antwort erhält.

Drei Gedanken scheinen seinen Zustand zu verschlimmern, und gleichzeitig seinen Glauben zu stärken. Er drückt sie in den folgenden Abschnitten aus. Zunächst geht es um die Erfahrung der Vorfahren (Verse 4-6). Er weiß, daß Gott heilig ist, von allen Wesen getrennt und über sie erhoben, weil die Väter ihm vertraut und ihn angerufen haben, weil sie befreit und nicht enttäuscht wurden. Zweitens sind da die Verspottungen seiner Feinde (Verse 7-9), die ihn verlachen, weil seine Erfahrung nicht mit der der Väter übereinstimmt: „Er klage es dem Herrn, der helfe ihm heraus und rette ihn, hat er Gefallen an ihm." Sollte Gott es ihnen erlauben, ihn so zu lästern? Drittens schaut der Psalmist zurück auf seine eigenen vergangenen Erfahrungen mit Gott (Verse 10-12). Jehova ist von seiner Geburt an sein Gott gewesen; er wird ihn nun gewiß nicht verlassen. Diese Gedanken führen den Psalmisten zu einer inständigen Bitte an Gott (Vers 12), daß er ihm nicht fern sein möge, jetzt, wo ihm die Angst nahe ist.

Worin genau besteht seine Anfechtung? Offenbar ist er sehr krank, ja dem Tode nah und nähert sich schnell dem Staub des Todes (Vers 16). Der Psalmist beschreibt die körperlichen Symptome, die er sieht und fühlt (Verse 15,16).

Seine körperlichen Schmerzen werden noch verschärft durch eine Horde böser Menschen (Vers 17), die ihn umgeben. Er hat sie schon mit starken Bullen aus dem üppigen Weideland Basans und mit Löwen verglichen, die ihn verschlingen möchten (Verse 13.14). Nun schildert er sie als wilde Hunde (Vers 17), und später als wilde Stiere (Vers 22), die darauf warten, seine Glieder auseinanderzureißen. Auf brutale Weise durchbohren sie seine Hände und Füße, sie starren ihn an und schauen auf ihn herab (Vers 18), oder sie tun es in ihren Gedanken, in Erwartung seines Todes. Zum dritten mal (vgl. Verse 2,3,12) wendet er sich an Gott und bittet ihn, ihm in seiner Not zu Hilfe zu kommen und ihn zu befreien (Verse 20-22).

Das Loblied (Verse 23-32)

Plötzlich verkehrt sich der dramatische Ton des Psalms. Aus einem Gebet wird ein Lobpreis. Aus Leiden wird Triumpf. Wie Gott den Leidenden befreit, wird nicht beschrieben. Uns wird lediglich in Vers 25 mitgeteilt, daß Gott seinen leidenden Knecht nicht verachtet hat, so wie die Menschen es getan hatten (Vers 7). Vielmehr hat Gott sein Rufen gehört, als er sich an ihn wandte. Die Seele des Psalmisten ist so erfüllt mit Anbetung, daß er möchte, daß alle mit ihm zusammen Gott preisen sollen. Der wahre Anbeter hat daher immer einen Sinn für Mission; er kann es sich nicht vorstellen, Gott allein zu preisen. In den übrigen Versen des Psalmes wird der Kreis derer, die dazu aufgerufen werden, Gott anzubeten, immer weiter und weiter gezogen, bis er schließlich alle Nationen und Zeitalter umfaßt.

Zunächst verkündigt und lobt der Psalmist den Namen Gottes in der großen Versammlung (Verse 23-26). Er möchte unter seinen israelitischen Volksgenossen, den Nachkommen Jakobs, öffentlich Zeugnis von der Errettung Gottes ablegen und ihn vor der Versammlung loben. Als nächstes scheint er an die zu denken, die wie er gelitten haben, an Arme und Angefochtene (Vers 27). Er möchte, daß sie teilhaben an seiner Freude, daß sie mit ihm essen und zufrieden sein mögen, wahrscheinlich bei dem Opfermahl, das dem Dankopfer folgte. In den folgenden Versen (28,29) sieht er mit prophetischem Blick die Bekehrung der Nationen und stellt fest, daß „aller Welt Enden" sich zum Herrn bekehren werden und daß man universal anerkennen wird, daß ihm das Reich gehört.

Selbst bei diesen herrlichen Aussichten bleibt seine Vorausschau nicht stehen. Obwohl der Vers 30 zugegebenermaßen schwer verständlich ist und entweder Stolzen und Demütigen miteinander ihre Sterblichkeit bewußt machen kann, oder sich auf Lebendige und Tote bezieht, so ist doch klar, daß die Verse 31 und 32 sich auf die Nachkommen des Psalmisten beziehen. Auch sie, ein noch ungeborenes Volk, werden vom Herrn und seinem Heil hören. Die Verkündigung des Evangeliums des Heils wird also sowohl universal und unaufhörlich sein, außerdem sehen wir im Ergebnis der Leiden dieses Gottesmannes ein schwaches Vorbild des endgültigen Triumfes des Gekreuzigten.

Psalm 23

Der Herr ist mein Hirte

In diesem bekanntesten und beliebtesten aller Psalmen finden sich zwei
Bilder, die die innige Beziehung Gottes zu Leuten aus seinem Volk dar-
stellen. Das erste Bild ist das des Schafhirten und seiner Schafe, das
zweite das des Gastgebers und seines Gastes.

Der Herr ist mein Hirte;
mir wird nichts mangeln.
Er weidet mich auf einer
grünen Aue und führet
mich zum frischen Wasser.
Er erquicket meine Seele.
Er führet mich auf rechter
Straße um seines Namens
willen.
Und ob ich schon wanderte
im finstern Tal, fürchte ich
kein Unglück; denn du bist
bei mir, dein Stecken und
Stab trösten mich.
Du bereitest vor mir einen
Tisch im Angesicht meiner
Feinde. Du salbest mein
Haupt mit Öl und
schenkest mir voll ein.
Gutes und Barmherzigkeit
werden mir folgen mein
Leben lang, und ich werde
bleiben im Hause des
Herrn immerdar. (Luther)

Ein Schafhirte führt
seine Herde in den
Hügeln außerhalb von
Bethlehem. Im Leben
eines solchen Hirten
hat sich seit biblischen
Zeiten nur wenig
verändert.

Der Herr ist mein Hirte (Verse 1-4)

Für ein Hirtenvolk war es natürlich, sich den Herrn als ihren Hirten vorzustellen, der sein Volk wie eine Herde herausführte, der sie wie Schafe durch die Wüste leitete (Psalm 78,25; vgl. auch Psalm 80,1; Jesaja 40,11). Aber die Metapher wird hier in unmißverständlicher Weise persönlich angewandt. Der Schreiber behauptet kühn: „Der Herr ist mein Hirte", und erwähnt nicht einmal die übrigen Schafe der Herde.

Ein Christ kann diesen Psalm nicht lesen oder singen, ohne an Jesus Christus zu denken, der es wagte, diese Metapher statt auf Jehova auf sich selbst anzuwenden. Er ist es, der unser guter Hirte ist, der Oberhirte und der große Hirte der Schafe (Johannes 10,11.14; 1. Petrus 5,4; Hebräer 13,20).

Wenn ich aus persönlicher Erfahrung sagen kann, daß der Herr mein Hirte ist, kann ich zuversichtlich hinzufügen: „mir wird nichts mangeln". Der gute Hirte sorgt für seine Schafe, so sorgt er auch für alle meine Bedürfnisse. Er läßt mich auf grünen Auen lagern, wo ich meinen Hunger stillen kann. Er führt mich zu erfrischenden Wassern, wo ich meinen Durst löschen kann (Vers 2). Um seines Namens willen, das heißt, aus Loyalität zu seinem Charakter und zu seinen Verheißungen, führt er mich auf Wegen der Gerechtigkeit. Das bedeutet: er wird nicht zulassen, daß ich vom Weg abirre (Vers 3).

In der Tat, selbst wenn ich durch das dunkelste Tal gehen müßte (Vers 4), ganz gleich, ob sich das auf den Tod oder auf einen düsteren Ort bezieht, habe ich nichts zu fürchten. Ich werde mich nicht fürchten, weil mein guter Hirte bei mir ist, mich mit seinem Stecken beschützt und mit seinem Stab leitet (Vers 4). Meine Sicherheit hängt nicht von meiner Umgebung ab — weder auf grünen Auen und an stillen Wassern noch im dunkelsten Tal — sondern von meinem Hirten. In seiner Gegenwart wird mir nichts mangeln (Vers 1) noch muß ich mich fürchten (Vers 4).

Der Herr ist mein Gastgeber (Vers 5,6)

Die Szene verändert sich. Ich bin nicht länger unter freiem Himmel, sondern im Haus; nicht länger ein Schaf in einer Herde, sondern ein Gast bei einem Mahl. Mein göttlicher Gastgeber hat einen Tisch vor mir bereitet. Es handelt sich nicht um ein geheimes Fest, sondern um ein Mahl in Anwesenheit meiner Feinde. Wenn nämlich Gott einer Seele Zufriedenheit schenkt, kann dies nicht vor der Welt verborgen bleiben.

Seine Fürsorge ist in wunderbarer Weise überschwenglich — ein Tisch beladen mit Speisen, parfümierte Öle, mit denen mein Haupt gesalbt wird, und ein überfließender Becher (Vers 5). Darüber hinaus wird Gott das gewißlich weiterführen, was er begonnen hat. Wie er selbst mich leiten wird (Verse 2,3), so wird seine Güte und Gnade mir folgen. Er wird mich von vorne und hinten bewahren, alle Tage meines Lebens. Und schließlich werde ich im Hause des Herrn ewig leben — nicht in seiner Stiftshütte oder in seinem Tempel, nicht nur in seiner Gegenwart in diesem Leben, sondern in des Vaters Haus, in dem viele Wohnungen sind, von denen Jesus gesprochen hat, als er sagte, daß er dorthin vorausgehe, um den Seinen eine Stätte zu bereiten (Johannes 14,1-4).

Psalm 24

Der Aufstieg zum Berg des Herrn

Der wahrscheinlichste geschichtliche Hintergrund dieses Psalms ist die in 2. Samuel 6 beschriebene triumphale Begebenheit, als der König David die Bundeslade aus dem Haus Obed-Edoms in das Zelt brachte, das er für sie in Jerusalem aufgeschlagen hatte. Es ist wahrscheinlich, daß ein jährliches jüdisches Fest entweder an dieses Ereignis, oder an Gottes Erwählung Davids und Jerusalems, erinnerte, in dessen Verlauf die Bundeslade in die Stadt getragen und dieser Psalm gesungen wurde.

Bei welcher Gelegenheit auch immer, es ist nicht schwierig, sich einen Prozessionschor vorzustellen, der diesen Psalm singt, während er sich dem Tempel oder dem Zionsberg naht, wobei die Fragen und Antworten der Verse 3 und 4 und 7 bis 10 abwechselnd gesungen werden, so wie dies auch heutzutage manchmal Chöre in effektvoller Weise tun.

Die ganze Erde (Verse 1,2)

Der Psalm eröffnet mit der beeindruckenden Aussage, daß die ganze Erde mit all ihren Bewohnern des Herrn ist (Vers 1), weil er ihr Schöpfer ist (Vers 2): „Denn er hat ihn über den Meeren gegründet und über den Wassern bereitet." Die Beschreibung des auf dem Wasser treibenden Landes ist natürlich poetisch und basiert eventuell auf dem Schöpfungsbericht aus 1. Mose 1, wo berichtet wird, daß das trockene Land aus dem Meer auftauchte. Nicht einmal heute ist sie irreführend (in übertragener Weise betrachtet), wenn wir in Betracht ziehen, daß etwa 70 % der Erdoberfläche aus Wasser bestehen. Die Aussage von Vers 1, daß die Erde und was darinnen ist dem Herrn gehören, wird von Paulus in 1. Korinther 10,26 zitiert, um durch dieses Argument zu unterstützen, daß Christen Fleisch jeder Art essen dürfen, sogar Götzenopferfleisch.

Die Erde ist des Herrn und was darinnen ist, der Erdkreis und die darauf wohnen.
Denn er hat ihn über den Meeren gegründet und über den Wassern bereitet.
Wer darf auf des Herrn Berg gehen, und wer darf stehen an seiner heiligen Stätte?
Wer unschuldige Hände hat und reines Herzens ist, wer nicht bedacht ist auf Lug und Trug und nicht falsche Eide schwört:
der wird den Segen vom Herrn empfangen und Gerechtigkeit von dem Gott seines Heiles.
Das ist das Geschlecht, das nach ihm fragt, das da sucht dein Antlitz, Gott Jakobs.
Machet die Tore weit und die Türen in der Welt hoch, daß der König der Ehre einziehe!
Wer ist der König der Ehre?
Es ist der Herr, stark und mächtig, der Herr, mächtig im Streit.
Machet die Tore weit und die Türen in der Welt hoch, daß der König der Ehre einziehe!
Wer ist der König der Ehre?
Es ist der Herr Zebaoth; er ist der König der Ehre.

(Luther)

Der Berg des Herrn (Verse 3-6)

Obwohl die ganze Erde des Herrn ist, gibt es einen bestimmten Berg, der in besonderer Weise ihm gehört. Er wird „der Berg des Herrn" genannt (Vers 3) und „seine heilige Stätte". Es handelt sich um den Berg Zion, wo die Bundeslade, das Symbol der heiligen Gegenwart Gottes, zuhause war. Wer darf dort hinaufsteigen in die heilige Gegenwart Gottes (Vers 3)? Die Antwort erinnert an Psalm 15 und hält fest, daß eine Verbindung von Anbetung und moralischer Integrität, wie sie die Bibel beständig fordert, Voraussetzung dafür ist.

Die einzige Art von Anbetung, die vor Gott annehmbar ist, ist die, die von Menschen dargebracht wird, die reine Hände und ein reines Herz haben (Vers 4), d. h. deren Gedanken, Motive und Taten heilig sind.

Der Felsendom und die Altstadt Jerusalems vom Ölberg aus gesehen. Der Felsendom steht auf dem Platz des jüdischen Tempels biblischer Zeiten.

Darüber hinaus kennzeichnet ihre Heiligkeit ihre Beziehung zu Gott und zu den Mitmenschen, denn sie hängen ihre Seele nicht an Götzen, noch schwören sie falsche Eide, um ihren Nächsten zu betrügen. Solche Leute, die gottgefällig und gerecht sind, werden Gottes Segen und Anerkennung erhalten (Vers 5), ja, solcher Segen ist das Teil aller, die das Antlitz des Gottes Jakobs suchen (Vers 6).

Die Stadttore (Vers 7-10)

Die Prozession, die die Bundeslade mit sich führt, hat nun die Tore der Stadt Davids erreicht, und die Sänger des Chores stimmen an: „Machet die Tore weit und die Türen in der Welt hoch, daß der König der Ehre einziehe" (Vers 7). Aus der Stadt ertönt es: „Wer ist der König der Ehre?", worauf der Chor antwortet: „Es ist der Herr stark und mächtig, der Herr, mächtig im Streit" (Vers 8). Der ganze Dialog wird dann Wort für Wort wiederholt (Verse 9,10), bis auf die Schlußantwort, in der der König der Ehre nun als „der Herr Zebaoth" (der allmächtige Gott) beschrieben wird. Dies ist das erste Mal, wo dieser Titel im Psalter auftaucht. Er ist ein strahlender Höhepunkt dieses Psalms.

Psalm 27

Die wechselnden Stimmungen der Seele

Die Behauptungen und Bitten dieses Psalms spielen sich vor dem Hintergrund ab, daß viele Feinde da sind. Wenn David der Autor war (und es besteht kein angemessener Grund, das in Frage zu stellen), ist die in diesem Psalm beschriebene Situation wahrscheinlich entweder seine Verfolgung durch Saul oder seine Flucht vor Absalom. In jedem Fall sind die Feinde boshafte Männer (Vers 2), die ihn um der Gerechtigkeit willen verfolgen und versuchen, ihm durch körperliche Gewalt und Verleumdung zu schaden (Vers 14). Er stellt sie wilden Tieren gleich, die gierig sind, seine Glieder zu zerreißen (Vers 2).

Vertrauen auf Gott (Verse 1-7)
Der Psalm beginnt mit einer der hervorragendsten Aussagen des Alten Testaments, nämlich über die Sicherheit derer, die Gott angehören.

Der Herr ist mein Licht und mein Heil; vor wem sollte ich mich fürchten?

Der Herr ist meines Lebens Kraft; vor wem sollte mir grauen?

Wenn die Übeltäter an mich wollen, um mich zu verschlingen, meine Widersacher und Feinde, sollen sie selber straucheln und fallen.

Wenn sich auch ein Heer wider mich lagert, so fürchtet sich dennoch mein Herz nicht; wenn sich Krieg wider mich erhebt, so verlasse ich mich auf ihn.

Eines bitte ich vom Herrn, das hätte ich gerne: daß ich im Hause des Herrn bleiben könne mein Leben lang, zu schauen die schönen Gottesdienste des Herrn und seinen Tempel zu betrachten.

Denn er deckt mich in seiner Hütte zur bösen Zeit, er birgt mich im Schutz seines Zeltes und erhöht mich auf einen Felsen.

Und nun erhebt sich mein Haupt über meine Feinde, die um mich her sind; darum will ich Lob opfern in seinem Zelt, ich will singen und Lob sagen dem Herrn.

Herr, höre meine Stimme, wenn ich rufe; sei mir gnädig und erhöre mich!

Mein Herz hält dir vor dein Wort: „Ihr sollt mein Antlitz suchen." Darum suche ich auch, Herr, dein Antlitz.

Verbirg dein Antlitz nicht vor mir, verstoße nicht im Zorn deinen Knecht! Denn du bist meine Hilfe, verlaß mich nicht und tu die Hand nicht von mir ab, Gott, mein Heil!

Denn mein Vater und meine Mutter verlassen mich, aber der Herr nimmt mich auf.

Herr, weise mir deinen Weg und leite mich auf ebener Bahn um meiner Feinde willen.

Gib mich nicht preis dem Willen meiner Feinde! Denn es stehen falsche Zeugen wider mich auf und tun mir Unrecht ohne Scheu.

Ich glaube aber doch, daß ich sehen werde die Güte des Herrn im Lande der Lebendigen.

Harre des Herrn! Sei getrost und unverzagt und harre des Herrn!

(Luther)

„Der Herr ist mein Licht", um mich zu führen, „und mein Heil", um mich zu erretten und „meines Lebens Kraft". Bei ihm nehme ich Zuflucht. „Vor wem sollte ich mich fürchten?" Dies ist eine herausfordernde, nicht zu beantwortende Frage, die an die Schlußverse von Römer 8 erinnert. Wenn Davids Feinde diesen auch angreifen, so werden sie trotzdem stolpern und fallen (Vers 2). In der Tat, selbst wenn eine ganze Armee gegen ihn ins Feld zöge (Vers 3), würde er noch zuversichtlich sein.

Viele von Feinden umringte Christen haben aus diesen Worten Kraft gewonnen. Einer von ihnen war James Hannington, der erste Bischof Äquatorialafrikas. Im Oktober 1885 erreichte er den Victoria Nyanza See und wurde ergriffen und gefangengenommen. „Vom Fieber gebeutelt, manchmal im Delirium wegen der Schmerzen, durch Ungeziefer geplagt und jeden Augenblick vom Tod bedroht, fand er Stärkung in den Psalmen. Am 28. Oktober, dem Tag, an dem er den Märtyrertod starb, schrieb er in sein Tagebuch: „Ich bin ziemlich zerbrochen und niedergeworfen, aber getröstet durch Psalm 27."

Die feste Zuversicht eines Mannes gegenüber vielen Feinden wird nun näher erklärt. Sie liegt in der Gegenwart Gottes und stützt sich auf Gottes Schutz. David hat vor allen anderen Wünschen einen Wunsch (Vers 4), nämlich „daß ich im Hause des Herrn bleiben könne mein Leben lang, zu schauen die schönen Gottesdienste des Herrn und seinen Tempel zu betrachten."

Es ist höchst unwahrscheinlich, daß wir dieses Bestreben wörtlich zu interpretieren haben. Nur Priester lebten in der Umgebung des Hauses Gottes. Ob sich das hier Gesagte auf die Stiftshütte in Silo oder auf den Berg Zion bezog, David konnte nicht nach dem Priestertum gestrebt haben, da er zum Stamm Juda zählte und das Priestertum dem Stamm Levi gehörte. Wir müssen diese Ausdrücke also figurativ verstehen, als ein nobles Verlangen, sich ungebrochener Gemeinschaft mit Gott zu erfreuen, um ihn in seiner Herrlichkeit anzubeten und seinen Willen zu erkennen. Vergleichen Sie Psalm 23,5.6 im Hinblick auf einen ähnlichen Hinweis auf das Haus Gottes.

Wegen seines an Gott festhaltenden Lebens wußte David, daß er errettet werden würde. Am Tag der Not würde Gott ihn beschützen, so wie ein Zelt dem Reisenden Schutz vor Sonne bietet, oder ein hoher Felsen Sicherheit vor den Fluten (Verse 5,6). Für diese Errettung wird er Gott in seinem Heiligtum danken (diesmal wörtlich gemeint), und zwar mit Opfern und Freudenrufen (Vers 6).

Schrei zu Gott (Verse 8-16)

Plötzlich ist alles anders. Die Hauptverben stehen nicht mehr in der 3. Person, sondern in der 2., und statt Aussagen lesen wir nun ein Gebet. Auch die Stimmung ändert sich. Die zuversichtlichen Behauptungen werden von angsterfüllten, an Gott gerichteten Bitten abgelöst. Der Wechsel ist so abrupt und völlig, daß einige Ausleger die beiden Teile des Psalms verschiedenen Autoren zugeschrieben haben, oder, wenn sie denn vom gleichen Autor stammen, zumindest verschiedenen Begebenheiten und Umständen. Trotzdem ist allen, die etwas von den Stimmungen der Seele wissen, bekannt, daß es Ebbe und Flut im Glauben gibt, daß sich im Rhythmus Lobpreis und Gebet abwechseln. Daher ist diese Zweiteilung ihrer Erkenntnis nach nicht nötig.

Im Gebet sucht David nicht nur das Ohr Gottes (Verse 7,8). Er fühlt sich aufgrund der Einladung Gottes ermutigt, dies zu tun. Wenn Gott gesagt hat: „Ihr sollt mein Antlitz suchen", so antwortet das Herz des Psalmisten: „Darum suche ich auch, Herr, dein Antlitz." Wahres Gebet ist nie eine vorwitzige Annäherung an Gott, sondern vielmehr ein Eingehen auf Gottes gnädige Initiative. Es ist diese Gewißheit, die David dazu bewegt, hinzuzufügen: „Verbirg dein Antlitz nicht vor mir" (Vers 9). Obwohl er anzuerkennen scheint, daß seine Sünden nur das Mißfallen Gottes verdienen, ist er sicher, daß Gott, der in der Vergangenheit sein Helfer gewesen ist, ihn nun nicht abweisen wird (Vers 10). Selbst wo seine eigenen Eltern ihn verlassen, so sagt er, wird der Herr ihn aufnehmen (Vers 10), oder „als sein Kind adoptieren", wie es ein Ausleger ausdrückt. Verdeutlicht doch Psalm 103,13, Jesaja 49,15; 63,16 die Ähnlichkeit der Liebe Gottes im Alten Testament mit der fürsorglichen Liebe eines Vaters oder einer Mutter.

Dem negativen Gebet, das darum fleht, nicht verlassen zu werden, folgt eine positive Bitte um Führung, damit seine Schritte auf ebenen Wegen gehen können. Er wünscht sich, daß Gott ihn seinen Weg lehrt (Vers 13), damit er nicht dem Willen seiner Feinde ausgeliefert wird (Vers 14).

Der Psalm endet, wie er begonnen hatte, mit einem Ausdruck starker Zuversicht. Der Autor hat den Tunnel der Dunkelheit hinter sich gelassen. Sein Glaube ist hart geprüft worden, aber nun triumphiert er. „Ich glaube aber doch, daß ich sehen werde die Güte des Herrn im Lande der Lebendigen" (Vers 13). Derjenige, der von Herzen wünscht, mit den Augen des Glaubens die Schönheit des Herrn zu sehen (Vers 4), ist sicher, daß, bevor er stirbt, er die Güte desselben Herrn in seinen eigenen Lebensumständen erfahren wird. Dessen ist er sich so sicher, daß er andere dazu aufruft, auf den Herrn zu harren (Vers 14). Es würde sich um leere Gefühle handeln, wenn diesen die Aufforderung, auf den Herrn zu harren, nicht vorausgegangen wäre und nachfolgte. Mut kann auch nicht mehr sein als eine stoische Tugend. Er ist nur christlich, wenn er Frucht einer stillen Zuversicht auf Gott ist.

Psalm 29

Die Stimme des Herrn

Bei den meisten Menschen ruft ein heftiges Gewitter Angstzustände hervor. Nicht so bei dem hebräischen Psalmisten, der es als eine Manifestation der Herrlichkeit Gottes ansieht. Er ist so überzeugt, daß Gott die Elemente unter seiner Kontrolle hat, daß er sich eines kühnen Anthropomorphismus bedient und den Donner „die Stimme des Herrn" nennt. Wir sollten uns das nicht wörtlich vorstellen, wie auch nicht in anderen Psalmen, wo der Wind „sein Atem" und die Himmel „seiner Finger" Werk genannt werden, und wo es heißt, daß die Tiere aus seiner geöffneten „Hand" fressen (vgl. z. B. Psalm 147,18; 8,4 und 104,28). Diese dramatischen Sprachfiguren stehen vielmehr für die eminenten Taten Gottes auf der Welt.

Bringet dar dem Herrn, ihr Himmlischen, bringet dar dem Herrn Ehre und Stärke! Bringet dar dem Herrn die Ehre seines Namens, betet an den Herrn in heiligem Schmuck! Die Stimme des Herrn erschallt über den Wassern, der Gott der Ehre donnert, der Herr, über großen Wassern.

Die Stimme des Herrn ergeht mit Macht, die Stimme des Herrn ergeht herrlich. Die Stimme des Herrn zerbricht die Zedern, der Herr zerbricht die Zedern des Libanon. Er läßt hüpfen wie ein Kalb den Libanon, den Sirjon wie einen jungen Wildstier.

Die Stimme des Herrn sprüht Feuerflammen; die Stimme des Herrn läßt die Wüste erbeben; der Herr läßt erbeben die Wüste Kadesch. Die Stimme des Herrn läßt Eichen wirbeln und reißt Wälder kahl. In seinem Tempel ruft alles: „Ehre!" Der Herr hat seinen Thron über der Flut; der Herr bleibt ein König in Ewigkeit. Der Herr wird seinem Volk Kraft geben; der Herr wird sein Volk segnen mit Frieden. (Luther)

Der Berg Hermon, der höchste Gipfel Israels; über 2800 Meter hoch, ist er die meiste Zeit des Jahres schneebedeckt.

Die Stimme des Herrn

Der Dichter scheint den Verlauf eines Gewitters zu beschreiben, das aus dem Norden Palästinas heraufzieht (vom Libanon und Sirjon, oder Berg Hermon, Verse 5,6). Es überquert ihn, um sein Toben über der Wüste Kadesch im fernen Süden (Vers 8) auszuschütten. Siebenmal wird „die Stimme des Herrn" erwähnt. Ein Schreiber vergleicht sie mit „aufeinanderfolgenden Donnerschlägen", die das Land erschüttern. Zunächst hört man sie „über den Wassern" (Vers 3), was zu bedeuten scheint „über den Regenwolken", gewaltig und majestätisch (Vers 4).

Gegenüberliegende Seite: „Die Stimme des Herrn erschallt über den Wassern ... die Stimme des Herrn ergeht mit Macht."

Dann aber kommt der Donner näher, und der Sturm bringt Verwüstung mit sich. Er zerbricht die starken Zedern des Libanon, erschüttert selbst den Berg, so daß er wie ein Kalb zu hüpfen scheint, wie ein junger Wildstier (Vers 6). Die Donnerschläge werden von zuckenden Blitzen begleitet (Vers 7). Die Hirschkühe bringen vor Schreck ihre Jungen zu früh zur Welt, und die Wälder werden durch den Wirbelsturm kahlgeschlagen (Vers 9). So offenkundig ist die Gegenwart Gottes, daß die Erde sein Tempel zu sein scheint. Durch seine Majestät beeindruckt, ruft alles ehrfürchtig: „Ehre!"

Die Ehre des Herrn

Dies ist einer der sieben Naturpsalmen. Es würde jedoch ein schwerwiegender Fehler sein, zu vermuten, daß der Psalmist nicht mehr im Sinn hatte, als eine poetische Beschreibung der Schönheiten der Natur zu verfassen. Sein Weltbild dreht sich im wesentlichen um Gott. Er interessiert sich nur deswegen für die Sonne und die Sterne (Psalm 8,19), den Donner und den Blitz (Psalm 29) und für die Vögel und die Tiere (Psalm 104), weil sie ihm Zeugnis geben von der Größe und Güte Gottes. In Psalm 29 wird das durch den Beginn und den Schluß sehr deutlich.

Die einführenden Verse (2 und 3) rufen die Mächtigen auf, Gott die Ehre zu geben. Diese „Mächtigen" sind die Engel, wie aus Psalm 89,7 und Hiob 1,6, 2,1 und 38,7 deutlich wird. Sie geben dem Herrn die Ehre, die seinem Namen gebührt (Vers 2). Er ist der Gott der Herrlichkeit, und seine Herrlichkeit zeigt sich ein Stück weit in der feierlichen Schönheit eines Gewittersturms.

Die Einführung des Psalms ermahnt die Engel im Himmel, Gott anzubeten; der Schluß besteht aus einem Gebet, daß dieser gleiche Gott sein Volk auf Erden segnen möge. Seine Macht steht völlig außer Zweifel, weil er über der Flut thront und ewig als König regiert (Vers 10). Die Überleitung von der Beschreibung des Gewitters hin zum Segen für das Volk ist wichtig, weil sie zeigt, daß die Juden sich keines Widerspruchs zwischen der Natur und der Gnade bewußt waren. Der Gott des Donners war der Gott Israels, der Herrscher über die Elemente und über die Angelegenheiten von Menschen und Nationen. Das Heiligtum war nicht nur in Jerusalem, denn der Wald und die Wildnis waren sein Tempel, wo er angebetet werden konnte. Ein Gewittersturm war kein befremdendes Phänomen. Hatte Jahwe sich nicht seinem Bundesvolk am Berg Sinai mit Blitz und Donner offenbart (2. Mose 19,16; 20,18)? Trotzdem kann der, dessen Simme im Donner zu hören ist, auch den Sturm stillen und sich selbst sowohl durch eine sanfte leise Stimme zu erkennen geben wie auch durch ein Erdbeben (1. Könige 19,11.12). Er ist folglich in der Lage, seinem Volk nicht nur Kraft, sondern auch Frieden zu geben (Vers 11).

Psalm 32

Die Vergebung Gottes und Leitung durch Gott

Die letzten beiden Verse dieses Psalms sind eine gute Einleitung für ihn. Sie weisen auf den vertrauten, kompromißlosen biblischen Unterschied zwischen den Gottlosen und den Gerechten hin, zwischen den Gläubigen und den Ungläubigen. Der besondere Unterschied, der hier hervorgehoben wird, ist der, daß „der Gottlose viel Plage hat", während die Gerechten in Gott fröhlich sein und jauchzen können. Darüber hinaus wird deutlich gemacht, daß der Grund der Freude der Gerechten die beständige Liebe Gottes ist, die sie umgibt. Menschliche Freude wird durch Gottes Liebe ausgelöst, und die übrigen Verse des Psalms entfalten, wie sie sich auswirkt, indem sie dem Sünder Vergebung und Leitung gewährt.

Gottes Vergebung in der Vergangenheit (Verse 1-8)

Der Psalm beginnt mit zwei alttestamentlichen Seligpreisungen, die diesmal nicht das Gesegnetsein des Menschen besingen, der am Gesetz Gottes seine Freude findet (Vers 1,2), sondern dessen Sünden vergeben worden sind. Zunächst werden die Tatsachen Sünde und Vergebung durch jeweils drei Ausdrücke beschrieben. Übles tun ist Übertretung und weist auf ein positives Vergehen, eine Übertretung hin, das der Überschreitung einer Grenze gleichkommt. Sünde ist negativ gewichtet und bedeutet das Verfehlen eines Ziels, eine Unterlassung, das Versäumnis, ein Ideal zu erreichen. Bosheit ist die inwendige moralische Verkehrtheit oder Verderbtheit der Natur, die wir „Ursünde" nennen.

Die Vergebung ist dreifältig. Das hebräische Wort, das in Vers 1 mit „vergeben" übersetzt wird, bedeutet scheinbar das Entfernen oder Aufheben von Sünde. Sie wird außerdem „bedeckt", außer Sichtweite getan, und deswegen weigert sich der Herr, sie dem Sünder zuzurechnen. Vergebung wird folglich als Entledigung von einer Last gesehen,

---

Wohl dem, dem die Übertretungen vergeben sind, dem die Sünde bedeckt ist! Wohl dem Menschen, dem der Herr die Schuld nicht zurechnet, in dessen Geist kein Trug ist!

Denn als ich es wollte verschweigen, verschmachteten meine Gebeine durch mein tägliches Klagen. Denn deine Hand lag Tag und Nacht schwer auf mir, daß mein Saft vertrocknete, wie es im Sommer dürre wird.

Darum bekannte ich dir meine Sünde, und meine Schuld verhehlte ich nicht. Ich sprach: Ich will dem Herrn meine Übertretungen bekennen. Da vergabst du mir die Schuld meiner Sünde.

Deshalb werden alle Heiligen zu dir beten zur Zeit der Angst. Darum, wenn große Wasserfluten kommen, werden sie nicht an sie gelangen.

Du bist mein Schirm, du wirst mich vor Angst behüten, daß ich errettet gar fröhlich rühmen kann.

„Ich will dich unterweisen und dir den Weg zeigen, den du gehen sollst; ich will dich mit meinen Augen leiten."

Seid nicht wie Rosse oder Maultiere, die ohne Verstand sind, denen man Zaum und Gebiß anlegen muß; sie werden sonst nicht zu dir kommen.

Der Gottlose hat viel Plage; wer aber auf den Herrn hofft, den wird die Güte umfangen. Freuet euch des Herrn und seid fröhlich, ihr Gerechten, und jauchzet, alle ihr Frommen.

(Luther)

Ein Augenblick der Meditation am See Genezaret. Jedes Jahr lassen sich tausende von Christen an den Ufern dieses schönen Sees inspirieren.

als Bedeckung eines abscheulichen Anblicks, als Tilgung einer Schuld. Diese Verse zitiert der Apostel Paulus in Römer 4,6-8 als ein alttestamentliches Beispiel der Rechtfertigung des Sünders durch Gottes Gnade durch den Glauben, unabhängig von den Werken.

Von dieser allgemeinen Aussage des Gesegnetseins durch die Vergebung wendet sich David zu einer Beschreibung aus seiner persönlichen Erfahrung, die verdeutlicht, wieviel Not es mit sich bringt, das Bekenntnis von Sünde zu verweigern. Er schreibt in Vers 2 von dem Menschen, „in dessen Geist kein Trug ist", stellt aber in der Folge die schmerzlichen Folgen des Truges heraus.

Wahrscheinlich bezieht er sich hierbei auf sein schändliches Verhalten Bathseba gegenüber, da fast ein Jahr verging, bevor David nach dem Ehebruch mit ihr und der Ermordung ihres Ehemannes durch den Dienst des Propheten Nathan zur Buße geleitet wurde (2. Samuel 11). In dieser Zeit, als David versuchte, sich selbst und Gott zu betrügen, hatte er keinen Frieden. In der Tat, lange bevor der Begriff der psychosomatischen Heilkunde geprägt wurde, verdeutlicht David, wie ein zerknirschtes und gequältes Gewissen zu alarmierenden körperlichen Symptomen führen kann (Verse 3,4). Schließlich lenkte er aber ein, gab seine Sünde vor Gott zu und fand Frieden durch Vergebung (Vers 5).

Davids lebhafte Erfahrung der Vergebung durch Umkehr und Bekenntnis führt ihn dazu, andere dazu zu drängen, das zu tun, was er selbst auch getan hat, um zu erlangen, was er auch erhalten hat. Demütiges Gebet zu Gott, zu der Zeit, wenn er sich finden läßt, bringt immer Erleichterung (Vers 6). Darüber hinaus entschließt sich David dazu, beständig das gleiche zu tun (Vers 7). Er hat seine Lektion gelernt und möchte den gleichen Fehler nicht noch einmal begehen.

Gottes Leitung für die Zukunft (Verse 8,9)
Davids Ausspruch über sein Vertrauen darauf, daß Gott ihn bewahren wird (Vers 7), wird sofort beantwortet. Gott gibt ihm eine Verheißung

Die Kirche der
Seligpreisungen am
nördlichen Ufer des Sees
Genezareth. Diese Kirche
ist auf dem Platz erbaut,
auf dem Jesus der
Überlieferung nach seine
Bergpredigt gehalten
haben soll.

seiner persönlichen Führung, da er sich in seiner beständigen Liebe nicht nur um die Vergebung im Hinblick auf die Vergangenheit, sondern auch um die Leitung für die Zukunft kümmert. Gottes Führung wird, wie seine Vergebung, durch vier Verben ausgedrückt (Vers 8): „ich will dich unterweisen und dir den Weg zeigen, den du gehen sollst, ich will dich mit meinen Augen leiten" (bei Luther sind nur drei Verben zu finden, in anderen Übersetzungen stehen hier die Verben „unterweisen", „lehren", „beraten" und „bewahren"; Anm. des Übersetzers). Das Bild scheint das einer Mutter zu sein, die ihrem Kind das Laufen beibringt. Sie wendet ihren Blick nicht einen Moment von dem Kind ab. Unser Gott ist ebenso zärtlich und liebevoll im Umgang mit den Seinen.

Trotzdem ist es wichtig, zu sehen, daß Vers 9 auf Vers 8 folgt. Gottes Versprechen der Leitung hat nicht den Sinn, uns davon zu entbinden, unsere eigene Intelligenz einzusetzen. Deswegen wird seiner Verheißung der Befehl hinzugefügt: „Seid nicht wie Rosse und Maultiere, die ohne Verstand sind, denen man Zaum und Gebiß anlegen muß; sie werden sonst nicht zu dir kommen." Das empfindsame Pferd und das störrische Maultier müssen durch Druck gezügelt und geführt werden, ja sogar durch Kraft, weil sie unvernünftige Tiere sind. Uns jedoch ist der Verstand gegeben worden; wir dürfen nicht erwarten, daß Gott uns mit Zaum und Gebiß leitet. Er behandelt uns wie Menschen, nicht wie Maultiere.

Gesegnet sind in der Tat die, die von der beständigen Liebe Gottes umgeben sind, der ihnen ihre Sünden vergibt, wenn sie sie ihm bekennen, und ihre Schritte leitet, wenn sie seinen Verheißungen vertrauen und seiner Anweisung, ihren Verstand einzusetzen, folgen.

Psalm 34

Sich Gottes rühmen

Einer der bemerkenswertesten Züge dieses Psalms ist die Kombination von Anbetung und Zeugnis. Als Antwort auf sein Gebet ist der Psalmist von Gott auf wunderbare Weise aus irgendeiner großen Gefahr befreit worden. Nun strömt seine Dankbarkeit in Lobpreis über und wechselt dann wieder dazu, andere zu ermahnen, die Güte Gottes selbst zu schmecken und zu sehen. Der Psalmist beschreibt sich selbst als ein Gott Rühmender (Vers 2). Das bedeutet: er schreibt seine Rettung Gott zu, und weil er das mit lauter Stimme tut, werden auch diejenigen, die ihn hören, Gott die Ehre geben. C.H. Spurgeon, der große Baptistenprediger, sagte: „Die ersten zehn Verse sind ein Lied, die letzten zwölf eine Predigt."

Eine persönliche Erfahrung (Verse 1-10)
Der Autor ist entschlossen, daß sein Lobpreis nicht nur beständig sein (Vers 2), sondern daß er auch in der Versammlung stattfinden soll (Verse 3 und 4). Da seine Seele sich allein des Herrn rühmt, weiß er, daß die Angefochtenen es hören und sich freuen werden, da nur diese eine Art des Rühmens die Elenden glücklich machen kann. Der Psalmist lädt sie ein, mit ihm zusammen Gott zu rühmen (Vers 4), so wie er sie später dazu drängt, auf den Herrn zu schauen, um auch strahlende Gesichter zu bekommen (Vers 6).

Der Grund für seine Anbetung und seinen Aufruf an andere, Gott ebenfalls anzubeten, ist eine besondere persönliche Erfahrung. Er schrie

Von David. Er verfaßte dieses Lied, als Abimelech ihn fortgejagt hatte, weil David sich vor ihm wahnsinnig gestellt hatte.
Den Herrn will ich preisen zu jeder Zeit, nie will ich aufhören, ihm zu danken.
Was er getan hat, will ich rühmen. Hört es, ihr Unterdrückten, und freut euch!
Preist mit mir die Taten des Herrn; laßt uns gemeinsam seinen Namen ehren!
Ich wandte mich an den Herrn, und er antwortete mir; er befreite mich von allen meinen Ängsten.
Wenn einer zum Herrn blickt, dann leuchtet sein Gesicht, sein Vertrauen wird nicht enttäuscht.
Hier steht einer, der um Hilfe rief. Der Herr hat ihn gehört und ihn aus jeder Bedrängnis gerettet.
Alle, die dem Herrn gehorchen, umgibt sein Engel mit mächtigem Schutz und bringt sie in Sicherheit.

Erprobt es doch selbst und erlebt es: Der Herr ist gütig! Wie glücklich sind alle, die bei ihm Zuflucht suchen!
Ihr, die ihr dem Herrn gehört, unterstellt euch ihm! Wer ihm gehorcht, kennt keine Not.
Selbst starke Löwen leiden oftmals Hunger; doch wer zum Herrn kommt, findet alles, was er zum Leben nötig hat.
Kommt, junge Leute, hört mir zu! Ich will euch sagen, was es heißt, Gott ernst zu nehmen und mit ihm zu leben:
Wollt ihr von eurem Leben etwas haben und möglichst lange glücklich sein?
Dann nehmt eure Zunge gut in acht, damit ihr nicht lügt und niemand verleumdet!
Kehrt euch vom Bösen ab und tut das Gute! Müht euch mit ganzer Kraft darum, daß ihr mit allen Menschen Frieden haltet!

Der Herr hat ein offenes Auge für alle, die ihm die Treue halten, und ein offenes Ohr für ihre Bitten.
Denen, die Böses tun, widersteht er und läßt die Erinnerung an sie mit ihnen sterben.
Doch wenn die Seinen rufen, hört er sie und rettet sie aus jeder Bedrängnis.
Wenn sie verzweifelt sind und keinen Mut mehr haben, dann ist er ihnen nahe und hilft.
Wer dem Herrn treu bleibt, geht durch viele Nöte, aber aus allen befreit ihn der Herr.
Er bewahrt ihn so unversehrt, daß man ihm keinen Knochen brechen darf.
Wer Unrecht tut, den bringt sein Unrecht um. Wer die Freunde des Herrn haßt, wird seiner Strafe nicht entgehen.
Der Herr rettet das Leben aller, die bei ihm Schutz suchen; keiner wird enttäuscht. (Gute Nachricht)

zu Gott und wurde aus all seinen Ängsten befreit (Vers 5) und aus all seiner Bedrängnis (Vers 7). Offenkundig ist er selbst derjenige, der um Hilfe rief, der in Vers sieben erwähnt wird. Aus welcher Situation Gott ihn befreite, teilt der Psalmist uns nicht mit.

Welcher Art auch immer die Anfechtung des Psalmisten war, aus der er errettet worden ist, er ist zuversichtlich, daß Gott auch für andere tun kann, was er für ihn getan hat. Der Engel des Herrn (ein alttestamentlicher Ausdruck, der oftmals auf die Gegenwart Gottes selbst hinzuweisen scheint) umgibt diejenigen, die ihn fürchten, so wie eine Armee sich um eine Stadt lagert, um diese zu schützen und zu befreien (Vers 8). So sicher ist sich der Psalmist dieser Behauptung, daß er andere dazu aufruft, dies selbst zu schmecken und zu sehen und den Herrn zu fürchten, da diejenigen keinen Mangel haben, die das tun (Verse 9,10). Selbst Löwen, die als die stärksten Raubtiere hervorgehoben werden und am besten dazu in der Lage sind, für sich selbst zu sorgen, bleiben ab und zu hungrig; denen, die auf Gott vertrauen, wird es jedoch an nichts Gutem mangeln (Vers 10).

Die wiederholten Hinweise auf das „fürchten" in diesen Versen sind bemerkenswert. Befreiung von ihren Ängsten wird denen zugesichert, die den Herrn fürchten (Verse 8,9). Diese Wahrheit wird in Tate und Bradys populärem Lied, das diesen Psalm paraphrasiert, treffend ausgedrückt. Aus dem Englischen übersetzt heißt es dort: „Durch alle Wechselfälle des Lebens hindurch: Fürchtet ihn, ihr Heiligen, dann werdet ihr sonst nichts zu fürchten haben. Ihm zu dienen sei eure Freude, so wird er für eure Bedürfnisse sorgen."

Gott fürchten heißt natürlich nicht, Angst vor ihm zu haben. Worum es geht, wird deutlich durch die Äquivalente „ihn suchen" (Vers 5), „ihn anrufen" (Vers 7) und „Zuflucht bei ihm suchen" (Vers 8), wobei die eigene Hilflosigkeit eingestanden wird und man nach Hilfe von Gott Ausschau hält (vgl. Lukas 1,50).

Eine allgemeine Unterweisung (Verse 12-23)
Die besondere Befreiung des Psalmisten durch die Furcht des Herrn führt ihn dazu, eine allgemeine Unterweisung zu formulieren, die auf seiner Erfahrung beruht. Wie der Prediger in den ersten Kapiteln des Buches der Sprüche, ruft er seine Schüler dazu auf, sich um ihn zu versammeln. Dann wählt er ein angemessenes Thema (Vers 12). Wenn sie viele gute Tage zu sehen wünschen (Vers 13), dann muß ihre Gottesfurcht nicht nur in ihrem Glauben zum Ausdruck kommen, sondern auch in Taten, sprich in moralischem Verhalten. Niemand kann behaupten, Gott zu fürchten, wenn er sich nicht vom Bösen abwendet (vgl. Hiob 1,1; Sprüche 16,6), und zwar sowohl in Worten wie auch in Taten (Verse 14,15). Es ist auch nicht ausreichend, sich vom Bösen abzuwenden; das Positive muß hinzukommen, nämlich das Tun des Guten und das geduldige Streben nach dem Frieden (Vers 15).

Die Verse 16 bis 19 beschreiben die Segnungen, die dem Gerechten gewährt werden, das heißt: denjenigen, die Gott fürchten, das Böse meiden und das Gute tun. Gottes Augen und Ohren sind auf sie gerichtet, wogegen sein Angesicht von den Bösen abgewendet ist (Verse 16,17). Er hört die Gerechten und befreit sie, er naht sich zu denen, die zerbrochenen Herzens sind und rettet die Verzweifelten, die keinen Mut mehr haben (Verse 18,19).

Am Karfreitag folgen Christen aller Denominationen dem Weg, den Jesus der Überlieferung nach durch die Straßen Jerusalems nach Golgatha gegangen ist.

Das bedeutet nicht, daß den Gerechten alle Schwierigkeiten erspart blieben. Im Gegenteil, ein Gerechter kann viele Bedrängnisse haben (Vers 20). Trotzdem begrenzt Gott die Anfechtungen der Seinen, sowohl was ihre Dauer als auch was ihr Ausmaß betrifft. Er befreit sie aus ihren Nöten (Vers 20), und obwohl sie manchmal schmerzlich verwundet sind, gestattet er es nicht, daß man ihnen ihre Knochen zerbricht (Vers 21), was ein sprachliches Bild für völlige Vernichtung zu sein scheint (vgl. Micha 3,3). In der Sprache des Paulus wird das wie folgt beschrieben: „Wir sind von allen Seiten bedrängt, aber wir ängstigen uns nicht" (2. Korinther 4,8).

Dem Ungläubigen, der behauptet, daß die Erfahrung dem widerspricht, können wir nur entgegenhalten, daß das Prinzip des Wachens Gottes über den Seinen wahr ist. Darüber hinaus wird der Unterschied zwischen dem Schicksal der Gottlosen und dem der Gerechten endgültig durch das göttliche Gericht in der Ewigkeit deutlich werden. Die Bösen werden verdammt werden, aber niemand, der seine Zuflucht in Gott genommen hat, wird verurteilt werden (Verse 22,23).

49

Psalm 40

Errettung aus der schrecklichen Grube

Jeder gläubige Christ wird in der gegenwärtigen Anfechtung durch die Erinnerung an vergangene Segnungen gestärkt. Weil wir Gottes Treue in der Vergangenheit erlebt haben, fühlen wir uns dazu ermutigt, ihm weiter zu vertrauen. Dergestalt ist auch das Thema dieses Psalms. Es beginnt mit einer bildlichen Beschreibung einer Befreiung und endet mit einer inständigen Bitte um weiteres Erbarmen.

Ein Bericht über bisherige Hilfe (Verse 1-10)

Der Psalmist saß in einer schlüpfrigen Grube voller Schmutz und Schlamm. Man muß nicht unbedingt annehmen, daß dies in wortwörtlicher Weise sein Ergehen war, so wie es z. B. Jeremia erlebte, der von seinen Feinden an Seilen in eine Zisterne hinuntergelassen wurde, bis er im Schlamm versank (Jeremia 38,1-13). Die Grube und der Schlamm symbolisieren zweifellos irgendeine verzweiflungsvolle Erfahrung mit Sünde, Niedergeschlagenheit oder Krankheit. In seiner Hilflosigkeit, selbst unfähig, herauszuklettern, wartet der Psalmist geduldig auf den Herrn, und die folgenden Verse drücken Stufe um Stufe die mächtige Befreiung durch Gott aus, der zunächst seinen Schrei hörte, sich dann niederbeugte, um ihn aus dem Schlamm zu ziehen, und schließlich

Ein Lied Davids.

Unbeirrt habe ich auf den Herrn gehofft, auf seine Hilfe habe ich gewartet. Er hat mein Schreien gehört und mir geholfen. Ich sah mich schon im Grabe liegen, ich fühlte mich wie einer, der im Sumpf versinkt; doch er hat mich herausgezogen und mich auf Felsengrund gestellt. Jetzt kann ich ungefährdet weitergehen. Ein neues Lied hat er mir in den Mund gelegt, mit dem ich ihn preisen kann, ihn, unseren Gott. Viele sollen es hören und sehen; dann nehmen sie den Herrn wieder ernst und schenken ihm ihr Vertrauen. Wie glücklich ist, wer ganz auf den Herrn vertraut und sich an keine anderen Mächte bindet, die nur in die Irre führen. Herr, mein Gott! Du hast so viel für uns getan; niemand ist wie du! Deine Pläne, deine wunderbaren Taten — wenn ich sie alle aufzählen wollte, ich käme nie an ein Ende!

Aus Opfern und Gaben machst du dir nichts, Brandopfer und Sühneopfer verlangst du nicht von mir. Aber du hast mir Ohren gegeben, um auf dich zu hören! Darum sage ich: Mein Gott, ich bin bereit, zu tun, was du von mir erwartest, so wie es für mich aufgeschrieben ist im Buch des Gesetzes. Ich freue mich über dein Gesetz und trage es in meinem Herzen. Vor der ganzen Gemeinde will ich erzählen, wie du deine Zusagen einlöst. Ich höre niemals auf, davon zu reden; du weißt es, Herr! Was du getan hast, behalte ich nicht für mich, ich bezeuge es allen, daß du treu bist und hilfst. Ich will der Gemeinde nicht verschweigen, wie gütig und zuverlässig du bist. Herr, du wirst mir dein Erbarmen nicht entziehen. Deine Güte und Treue werden mich stets bewahren. Von allen Seiten überfällt mich das Unglück, ich kann nicht

zählen, wie oft es zuschlägt. Meine Verfehlungen haben mich eingeholt, ich kann nichts anderes mehr sehen, ich habe mehr davon als Haare auf dem Kopf. Darum habe ich allen Mut verloren. Sei gnädig, Herr, rette mich, komm, hilf mir bald! Schimpf und Schande komme über alle, die mir nach dem Leben trachten! Zurückweichen sollen sie und zuschanden werden, alle, die an meinem Unglück Freude haben! Sie sollen sich entsetzen über ihre Schande, die hämisch rufen: „Da! Habt ihr's gesehen?" Doch alle, die deine Nähe suchen, sollen über dich jubeln und glücklich sein! Alle, die deine Hilfe begehren, sollen immer wieder rufen: „Der Herr ist groß!" Ich bin arm und wehrlos; Herr, vergiß mich nicht! Du bist doch mein Helfer und Befreier, mein Gott, laß mich nicht länger warten! (Gute Nachricht)

Ein kleiner Araberjunge in der sogenannten Grabhöhle des Propheten am Ölberg in Jerusalem.

seine Füße auf einen sicheren Felsen stellte. Er legte ihm ein neues Loblied in den Mund, durch das viele zum Glauben kamen (Verse 1-3).

Solch eine Erfahrung der Errettung hat verschiedene fruchtbare Folgen, die da sind: Anbetung (Verse 4-6), Gehorsam (Verse 7-9) und Zeugnis (Verse 10-12). Seine Anbetung kommt in dem Ausruf zum Ausdruck, wie gesegnet der Gläubige ist (Vers 4), und daß die Taten und Gedanken Gottes nicht zu zählen sind (Vers 5).

Wahre Anbetung geht jedoch über verbale Ausrufe hinaus. Sie besteht auch aus mehr als aus der Darbringung von Opfern. Sie umschließt, daß wir uns selbst durch ein gehorsames Leben als Opfer darbringen. (Dem Gehorsam wird der Vorzug vor dem Opfer gegeben, vgl. 1. Samuel 15,22; Jesaja 1, 10-17; Jeremia 7,21-26; Hosea 6,6; Micha 6,6-8.) Dieser Gehorsam wird in der Schrift, das heißt im niedergeschriebenen Gesetz, gefordert. Er beginnt mit unserem Ohr, das Gott durchbohrt hat, oder wörtlich „durchgraben" hat (Vers 6), womit er uns befähigt, zu hören und seinen Willen zu erfassen.

51

Gott in seiner Gnade tut jedoch mehr als dies. Wenn er sein Gesetz in ein Buch geschrieben hat, damit wir es wissen können und es in unsere Ohren flüstert, damit wir es verstehen mögen, so schreibt er es darüber hinaus in unsere Herzen, damit wir Freude daran haben, es zu tun (Vers 8). Diese Aussage über das Wissen um Gottes Willen, die Liebe zu Gottes Willen und das Tun seines Willens ist in besonderer Weise wahr im Hinblick auf alle seine Kinder und findet ihre vollkommene Erfüllung in seinem Mensch gewordenen Sohn, auf den sie in Hebräer 10,5-9 angewandt wird.

Das Heil bringt in uns jedoch mehr hervor als nur eine an Gott gerichtete Antwort geistlicher Anbetung und moralischen Gehorsams; es lehrt uns auch, uns um unsere Mitmenschen zu kümmern, damit auch sie von Gottes Gnade hören. Deswegen bekräftigt der Psalmist wiederholt, daß er Gottes Liebe und Wahrheit (das heißt Treue) nicht vor der großen Versammlung verschwiegen hat. Vielmehr hat er sie öffentlich bezeugt (Verse 9,10). Wenn Gott unsere Füße auf einen Felsen stellt und sein Gesetz in unsere Ohren und Herzen gibt, können wir unsere Lippen nicht davon abhalten, seine Güte bekannt zu machen.

Ein Gebet um Hilfe in der Gegenwart (Verse 11-17)

Wie in Psalm 27 verändert sich die Stimmung plötzlich in der Mitte einer Aussage und wird zu einer Bitte. Die Darstellung der Liebe und Wahrheit Gottes wird zu einer Bitte, daß diese den Psalmisten beständig bewahren mögen, denn wiederum befindet er sich in Gefahr und Verzweiflung. Zahllose Nöte haben ihn eingeschlossen, und diesmal verschweigt er uns nicht, worum es sich handelt: Meine Sünden haben mich überwältigt, und ich kann nicht sehen. Sie sind in der Tat nicht nur zu stark, als daß er sie überwinden könnte, sondern sind auch zu zahlreich, als daß er sie zählen könnte. Sein Herz läßt ihn im Stich (Vers 12), und in seiner Verzweiflung schreit er zu Gott um Befreiung (Vers 13).

Der Psalm endet mit einem Kontrast zwischen zwei verschiedenen „Suchenden". Da sind diejenigen, die das Leben des Psalmisten zu zerstören suchen, und diejenigen, die Gott suchen, kurz gesagt: die Gottlosen und die Gottesfürchtigen. Die Gottlosen zeigen ihre Gottlosigkeit dadurch, daß sie die Gottesfürchtigen verfolgen. Dreimal bittet der Psalmist darum, daß sie zu Boden gestürzt werden mögen (Verse 14,15). Denjenigen, die Gott suchen und sein Heil lieben, wünscht er dagegen ein anderes Schicksal, nämlich, daß sie in ihrem Erleben allezeit Grund haben mögen, zu sagen: „Der Herr sei gelobt!" (Vers 16). Zu ihnen zählt er auch sich selbst. Auf sich gestellt ist er elend und arm, aber der Herr, der sein Erretter gewesen ist, sorgt noch für ihn und wird ihn wiederum befreien (Vers 17).

Psalm 42 und Psalm 43

Die Ursachen der geistlichen Niedergeschlagenheit und ihre Heilung

Das Thema dieses Psalms (Psalm 42 und 43 scheinen deutlich zusammenzugehören) ist die geistliche Niedergeschlagenheit, ihre Ursachen und ihre Heilung. Die Seele des Autors ist niedergeschlagen (Vers 5) und beunruhigt. Diese Erfahrung ist keineswegs selten, nicht einmal unter gottesfürchtigen Menschen. Biographien von Christen bieten viele Beispiele dafür. Darüber hinaus ist es fast sicher, daß unser Herr selbst auf diese Verse anspielte, als er ausrief: „Jetzt ist meine Seele betrübt" und „Meine Seele ist betrübt bis an den Tod" (Johannes 12,27; Markus 14,34).

Was besonders bewegend ist, ist die Tatsache, daß der Psalmist sich nicht mit seinem Zustand zufriedengibt. Dreimal hinterfragt er in Worten, die eine Art Refrain bilden, seine Verzweiflung und ruft sich selbst dazu auf, sein Vertrauen auf Gott zu setzen (42,6.7.14.15 und 43,5.6). Der Psalm bildet drei Abschnitte. Jeder von ihnen beginnt mit dem Kummer des Psalmisten, in dem er Gott oder seine Leser anspricht, und endet mit einem Refrain, in dem er sich selbst anspricht.

Psalm 42

Eine Unterweisung der Söhne Korah, vorzusingen.

Wie der Hirsch lechzt nach frischem Wasser, so schreit meine Seele, Gott, zu dir.
Meine Seele dürstet nach Gott, nach dem lebendigen Gott.
Wann werde ich dahin kommen, daß ich Gottes Angesicht schaue?
Meine Tränen sind meine Speise Tag und Nacht, weil man täglich zu mir sagt: Wo ist nun dein Gott?
Daran will ich denken und ausschütten mein Herz bei mir selbst: wie ich einherzog in großer Schar, mit ihnen zu wallen zum Hause Gottes mit Frohlocken und Danken in der Schar derer, die da feiern.
Was betrübst du dich, meine Seele, und bist so unruhig in mir? Harre auf Gott; denn ich werde ihm noch danken, daß er meines Angesichts Hilfe und mein Gott ist.
Mein Gott, betrübt ist meine Seele in mir, darum gedenke ich an dich aus dem Land am Jordan und Hermon, vom Berge Misar.
Deine Fluten rauschen daher, und eine Tiefe ruft die andere; alle deine Wasserwogen und Wellen gehen über mich.
Am Tage sendet der Herr seine Güte, und des Nachts singe ich ihm und bete zu dem Gott meines Lebens.
Ich sage zu Gott, meinem Fels: Warum hast du mich vergessen? Warum muß ich so traurig gehen, wenn mein Feind mich dränget?
Es ist wie Mord in meinen Gebeinen, wenn mich meine Feinde schmähen und täglich zu mir sagen: Wo ist nun dein Gott?
Was betrübst du dich, meine Seele, und bist so unruhig in mir? Harre auf Gott; denn ich werde ihm noch danken, daß er meines Angesichts Hilfe und mein Gott ist. (Luther)

Psalm 43

Steh mir bei, Gott, verschaffe mir Recht; verteidige mich gegen treulose Menschen, die mich mit Lüge und Arglist verfolgen!
Du, Gott, bist doch immer mein Schutz gewesen! Warum hast du mich jetzt verstoßen?
Warum muß ich ständig leiden, warum dürfen die Feinde mich quälen?
Laß mich dein Licht und deine Treue sehen!
Sie sollen mich führen, mich hinbringen zu deinem heiligen Berg, zu dem Ort, wo du wohnst.
Dort will ich an deinen Altar treten, vor dich, den Grund meiner Freude.
Zum Klang der Harfe will ich dich preisen, dich, meinen Gott!
Warum bin ich so verstört? Muß ich denn verzweifeln? Auf Gott will ich hoffen! Ich weiß, ich werde ihn noch einmal preisen, ihn, meinen Gott, der mir hilft. (Gute Nachricht)

Die Ursachen der geistlichen Niedergeschlagenheit

Zunächst zeichnet der Autor sich selbst nicht als niedergeschlagen, sondern als durstig. Er dürstet nach Gott, so wie Hirsche nach dem Wasser, wenn Jäger ihnen nachstellen, oder wenn die Dürre sie bedrängt. Wie C.S. Lewis es ausdrückt, hat der Autor einen „starken Hunger nach Gott". Dies ist natürlich und richtig. Hunger nach Gott ist die Erfahrung jedes Gläubigen, oder sollte es zumindest sein. Obwohl Gott tatsächlich „die durstige Seele tränkt und die Hungrigen mit Gütern füllt" (Psalm 107,9; vgl. Psalm 36,8.9), werden unser Hunger und Durst nach ihm nur gestillt, um bald darauf noch stärker wieder zu entbrennen (vgl. Psalm 63,1.2).

In diesem Fall wird jedoch der Durst des Autors durch zwei Umstände verschärft, die er sofort nennt. Der erste wird in Form einer

Frage beschrieben: „Wann werde ich dahin kommen, daß ich Gottes Angesicht schaue?" (Vers 3). Es oblag den Israeliten, dies dreimal pro Jahr zu tun. Sie besuchten Jerusalem zu den großen Festtagen (vgl. 2. Mose 23,17), und der Psalmist war offenkundig nicht in der Lage, das zu tun. Zweitens waren Tränen seine tägliche Speise, weil Menschen ihn beständig verspotteten: „Wo ist denn nun dein Gott?" (Vers 4). Dies waren also die Gründe für die Niedergeschlagenheit seiner Seele: die Abwesenheit des Trostes Gottes und die Anwesenheit von Menschen, die ihn verspotteten. Jeder Abschnitt des Psalms bezieht sich auf dieses doppelte Thema.

Sein Empfinden des Entfremdetseins von Gott ist auf seine zwangsweise Trennung vom Tempel und der dort stattfindenden Anbetung zurückzuführen. Er schreibt aus dem nördlichen Palästina. Der Berg Misar (Vers 7) ist nicht identifiziert worden, ist aber zweifellos einer der Berge der Hermon-Bergkette. Von diesem entfernten Berg aus denkt der Psalmist an Gottes heiligen Berg (43,3) und verlangt danach, wieder dort zu sein. Wehmütig erinnert er sich an die reine Freude der Anbetung in früheren Tagen (Vers 5).

Da Psalm 42 als ein „Maskil" der Söhne Korah bezeichnet wird (was möglicherweise „eine Unterweisung" bedeutet), geht man davon aus, daß der Autor einer der Söhne Korahs gewesen sein mag, also der Männer, die von Korah abstammten (dem Urenkel Levis). Sie waren Torhüter, Wächter und Musiker im Tempel (1. Chronik 6,22-48; 9,17-32; 2. Chronik 20,19). Sicher ist, daß er hier davon schreibt, den Herrn mit seiner Stimme und mit seiner Harfe zu preisen (42,12; 43,4). Aber momentan kann er das nicht tun, weil er sich im Exil befindet. Anstatt daß ihn Tempelmusik umgibt, umtost ihn der Donner der Wasserfälle und Bergströme. „Eine Tiefe ruft die andere" und schallt über das Tal. Sie scheinen die Unglücksfälle zu symbolisieren, die der Psalmist erlebt hat; er nennt sie Gottes Wasserwogen und Wellen, die über ihn gegangen sind (Vers 8). Er sehnt sich danach, wieder Tag und Nacht am Gottesdienst im Tempel teilzunehmen (Vers 10).

Deswegen betet er im dritten Abschnitt darum, daß Gott sein Licht und seine Wahrheit senden möge, die ihn sicher zu Gottes Berg, Wohnung und Altar zurückführen, so wie ein Führer durch die Wüste, damit er Gott wieder begegnen und den Gott seiner Freude und seines Glücks anbeten kann (43,3.4). Diesen Gefühlen sollte man nicht die Interpretation aufzwingen, daß er der Meinung war, der Tempel sei der einzige Ort der Begegnung der Seele mit Gott, denn ein großer Teil des Psalms selbst ist an Gott gerichtet, während der Psalmist sich im Exil befindet. Was er sehnlichst wünscht, ist die Erneuerung der besonderen Gemeinschaft mit Gott, die er bei der öffentlichen Anbetung während der großen Feste erlebt hatte.

Der zweite Grund seiner Niedergeschlagenheit ist der Spott der Heiden, die nicht ablassen, ungläubig zu fragen: „Wo ist denn nun dein Gott?" (Verse 4,11). Das rührt teilweise daher, daß sie Götzenanbeter waren, die Göttern dienten, die sie sehen und anfassen konnten, wogegen der lebendige Gott unsichtbar war (Vers 3, vgl. Psalm 115,2), und teilweise lag es daran, daß Gott scheinbar so tatenlos wie unsichtbar war und nicht sofort für sein Volk eintrat, wenn es von seinen Feinden bedrängt war (vgl. Psalm 79,10). Der Psalmist fühlt sich vergessen (Vers 10). Sein Geist ist so empfindsam, daß der peinigende Schmerz, den ihm die Spötter verursachen, wie eine tödliche Wunde in seinem Körper zu sein scheint (Vers 11). Er betet um Vergeltung und Befreiung (43,1).

Es ist also diese Kombination von Umständen, die den Psalmisten in die Niedergeschlagenheit geworfen, ja sogar zur Verzweiflung gebracht hat: Leute verlachen ihn wegen seines Glaubens an den lebendigen Gott, während der lebendige Gott, den sie verspotten, gleichgültig und weit entfernt zu sein scheint.

Die Heilung der geistlichen Niedergeschlagenheit

Jeder Abschnitt, in dem der Autor sein sorgenvolles Anliegen beschreibt, schließt mit dem gleichen strahlenden Refrain (42,6.12; 43,5). Es ist bemerkenswert festzustellen, daß der Autor zu sich selbst spricht. Er läßt sich nicht von seinen Stimmungen beherrschen. Er nimmt sich selbst an die Hand und weist sich wegen seiner Niedergeschlagenheit zurecht. Er erkennt, daß seine Seele wie von einer drückenden Bürde niedergeworfen ist und daß sie innerlich aufgewühlt ist wie die tosende See (Psalm 46,3). Aber weshalb? fragt er sich. Seiner wiederholten Selbstbefragung wohnt eine Zurechtweisung inne. Statt

„Wie der Hirsch schreit nach frischem Wasser, so schreit meine Seele, Gott, zu dir."

seine eigene Frage zu beantworten oder sich zu entschuldigen, verordnet er sich sofort sein Heilmittel: er muß vertrauen, und auf Gott hoffen. Er muß seine Selbstbetrachtung und sein Selbstmitleid aufgeben, dazu sein schmerzendes Nachsinnen über den Spott seiner Feinde.

Die Heilung für Niedergeschlagenheit ist weder der Blick auf unseren Kummer, noch der Blick zurück auf unsere Vergangenheit, noch der Blick auf die Probleme, die uns umgeben, sondern das Abwenden des Blickes von alledem, um auf den lebendigen Gott zu schauen. Er ist unsere Hilfe und unser Gott, und wenn wir ihm jetzt vertrauen, werden wir bald wieder Ursache haben, ihn zu preisen. Deswegen, wie es ein Kommentator zusammenfaßt, „weist der Glaube die Verzagtheit zurecht, und die Hoffnung triumphiert über die Verzweiflung."

Weswegen bist du ruhelos und niedergedrückt, meine Seele?
Hoffe weiter, und du wirst Gott preisen, der dein Gott ist
und die ewige Quelle deines Wohlseins.
(von Tate & Brady, 1696; ins Deutsche übersetzt)

Psalm 46

Immanuel, Gott mit uns

Der Name Martin Luthers wird immer mit diesem Psalm verbunden bleiben. Sein bekanntes Lied „Ein feste Burg ist unser Gott" ist eine freie Paraphrase dieses Psalms. In düsteren Zeiten der Entmutigung pflegten er und Philip Melanchthon dieses Lied miteinander zu singen, und Thomas Carlyle hat es durch seine Übersetzung ins Englische (A Safe Stronghold our God is still) im englischsprachigen Raum bekannt gemacht. Dieses Lied ist ein erhabener Ausdruck stillen Vertrauens auf Gottes Souveränität inmitten des Aufruhrs der Natur und der Geschichte.

Ursprünglich bezog sich dieser Psalm auf eine bemerkenswerte Errettung Jerusalems vor Angriffen heidnischer Eroberer. Die Stadt Gottes (Vers 5) ist mit verschiedenen Befreiungen dieser Art beschenkt worden. Die Situation, die in Psalm 46 beschrieben wird, dazu seine Ähnlichkeit mit einigen Prophezeiungen Jesajas hinsichtlich Sprachfiguren und Ausdruck, legt nahe, daß es um den Fall der Armee Sanheribs im Jahr 701 v. Chr. geht.

Obwohl Hiskia König von Juda war, war er ein Vasall Sanheribs und dazu verpflichtet, ihm Tribut zu zahlen. Als er sich dagegen auflehnte, zog die mächtige Armee der Assyrer wie eine alles mit sich reißende Wasserwoge west- und südwärts. Schon bald war Jerusalem umzingelt. Sanherib brüstete sich, daß er Hiskia wie einen Vogel im Käfig eingeschlossen hatte und forderte seine Kapitulation.

Die Situation war kritisch. Zwanzig Jahre zuvor hatte Sanheribs Vorgänger im Sturm Samaria, die Hauptstadt des Nordreichs eingenommen und das Land Israel entvölkert. Nun sah es so aus, als würde Juda das gleiche Schicksal erleiden müssen. Hiskia wandte sich an den Propheten Jesaja, der ihm das Wort des Herrn ausrichtete: „Fürchte dich nicht ... Ich will diese Stadt schützen, daß ich sie errette." Gott griff plötzlich und auf dramatische Weise ein, wie der weltliche Geschichtsschreiber Herodot bezeugt: „Da fuhr aus der Engel des Herrn und

Ein Lied der Söhne Korah, vorzusingen, nach der Weise „Jungfrauen".
Gott ist unsre Zuversicht und Stärke, eine Hilfe in den großen Nöten, die uns getroffen haben. Darum fürchten wir uns nicht, wenngleich die Welt unterginge und die Berge mitten ins Meer sänken, wenngleich das Meer wütete und wallte und von seinem Ungestüm die Berge einfielen.

Dennoch soll die Stadt Gottes fein lustig bleiben mit ihren Brünnlein, da die heiligen Wohnungen des Höchsten sind. Gott ist bei ihr drinnen, darum wird sie fest bleiben; Gott hilft ihr früh am Morgen.
Die Heiden müssen verzagen und die Königreiche fallen, das Erdreich muß vergehen, wenn er sich hören läßt.
Der Herr Zebaoth ist mit uns, der Gott Jakobs ist unser Schutz.

Kommt her und schauet die Werke des Herrn, der auf Erden solch ein Zerstören anrichtet, der den Kriegen steuert in aller Welt, der den Bogen zerbricht, Spieße zerschlägt und Wagen mit Feuer verbrennt.
Seid stille und erkennet, daß ich Gott bin! Ich will der Höchste sein unter den Heiden, der Höchste auf Erden.
Der Herr Zebaoth ist mit uns, der Gott Jakobs ist unser Schutz. (Luther)

schlug im assyrischen Lager hundertfünfundachtzigtausend Mann. Und als man sich früh am Morgen aufmachte, siehe, da war alles voller Leichen." Da zog sich Sanherib zurück (siehe 2. Könige 18 und 19).

Psalm 46 besteht aus drei Teilen, wobei zunächst ein allgemeines Vertrauen auf die Macht und den Beistand Gottes ausgedrückt wird, gefolgt von einem besonderen Erlebnis dieses Beistandes bei der Befreiung der Stadt, und schließlich der Zuversicht, daß Gott sein universales Friedensreich aufrichten wird. Auf den zweiten und dritten Abschnitt folgt der Refrain: „Der Herr Zebaoth ist mit uns, der Gott Jakobs ist unser Schutz." (Verse 8,12). Wenn es nach Symmetrie geht, ist anzunehmen, daß der gleiche Refrain ursprünglich auch am Ende des ersten Abschnitts stand. Er besteht nicht nur aus einer Aussage über Gottes Schutz, sondern bezeugt auch, daß der, der unsere Burg ist, sowohl der allmächtige Gott wie auch der treue Gott Jakobs ist, der mit seinem Volk durch einen feierlichen Bund vereint ist.

Das allgemeine Vertrauen (Verse 1-4)

Der Psalmist stellt fest, daß Gott unsere Zuversicht und Stärke ist und unsere stets gegenwärtige Hilfe in Nöten. Es ist diese Zuversicht, die ihn dazu befähigt, fast herausfordernd hinzuzufügen: „Darum fürchten wir uns nicht." Selbst die schlimmsten Naturkatastrophen — Erdbeben, Sturm und Unwetter —, die Angst und Schrecken in den Herzen hilfloser Menschen hervorrufen, jagen uns keine Furcht ein (Verse 3,4).

Eine besondere Erfahrung (Verse 5-8)

Im Gegensatz zum Meer, dessen Wasserwogen wüten und schäumen (Vers 4), erwähnt der Psalmist nun ruhigere Gewässer, und zwar ein Bach, der die Stadt Gottes erquickt (Vers 5). Dieser Hinweis muß sich ursprünglich auf die Wasser Siloahs bezogen haben, deren sanftes Dahinfließen von Jesaja als Bild für das stille, fürsorgliche Versorgen Gottes benutzt wird (Jesaja 8,6). Dieses Symbol taucht in den Visionen von Hesekiel (Hesekiel 47,1-12) und Johannes (Offenbarung 22,1-5) wieder auf.

Unter Gottes gnädiger Herrschaft wird seine Stadt glücklich (Vers 5) und kann einfach nicht fallen, weil Gott in ihr ist, um sie zu beschützen und ihr zu helfen (Vers 6). Mögen die Nationen auch toben wie die wilde See und die Königreiche wanken, wie Berge durch ein Erdbeben erschüttert werden (im Vers 7 werden die gleichen Verben benutzt wie in den Versen 3 und 4), trotzdem muß die Erde vor ihm dahinschmelzen, wenn Gott auch nur ein Wort sagt. So war das, als durch die Stimme des Herrn die assyrische Armee zerstreut wurde.

Die abschließende Gewißheit (Verse 9-12)

Der Psalmist ruft nun das Volk auf, Gottes entscheidendes Eingreifen zum Schutz Jerusalems und die Vernichtung seiner Feinde zu beachten (Vers 9). Die göttliche Befreiung wird als ein Versprechen und ein Vorgeschmack auf den Tag hin angesehen, an dem Gott endgültig alle Kriegslüsternen niederwerfen und sein Königreich des Friedens aufrichten wird: „Der den Kriegen steuert in aller Welt, der Bogen zerbricht, Spieße zerschlägt und Wagen mit Feuer verbrennt" (Vers 10). Diese Vision erinnert an die Prophezeiungen Jesajas, die besagen, daß Schwerter zu Pflugscharen gemacht werden und Spieße zu Sicheln.

Araber pflügen auf traditionelle Weise ihr Feld in der Nähe von Bethlehem.

Soldatenstiefel und blutverschmierte Militärkleidung werden zum Feuermachen verwendet werden (Jesaja 2,4; 9,5).

Kaum ist diese Friedensverheißung ausgesprochen worden, da hört man schon Gott selbst sprechen, der sie garantiert: „Seid stille und erkennet, daß ich Gott bin!" Seine Stimme hatte die Assyrer niedergeworfen (Vers 7), und seine Stimme bringt sein Volk zur Ruhe. Er ist Gott in Ewigkeit und schon jetzt und hier (wahrscheinlich steht hier die Gegenwartsform) auf der Erde erhoben (Vers 11). Diese majestätische Behauptung führt sein Volk dazu, durch den Refrain „Der Herr Zebaoth ist mit uns" darauf zu antworten. Wieder Worte, die an Jesaja erinnern, an seine große Prophezeiung über Immanuel, Gott mit uns (Jesaja 7,14; 8,8.10).

Wir leben ebenfalls in einer krisengeschüttelten Epoche. Die alte Ordnung ist zusammengebrochen. Die gesellschaftliche Revolution hat vor 150 Jahren begonnen und setzt sich in immer schnellerem Tempo fort. Wir hören von Kriegen und Kriegsgeschrei. Die Herzen der Menschen verzagen vor Furcht. Können wir sagen: „Wir fürchten uns nicht"? Ja, das können wir; aber nur, wenn wir den übrigen Aussagen dieses Psalms glauben: „Ich bin Gott" und „der Herr Zebaoth, der allmächtige Gott, ist mit uns". Als er im Sterben lag, sagte John Wesley: „Das Beste von allem ist, daß Gott mit uns ist."

Psalm 51

Gottes Gnade für den, der umkehrt

Psalm 46 hebt die Souveränität Gottes hervor, dieser Psalm preist seine Barmherzigkeit. Obwohl er unter den Nationen erhaben ist (Psalm 46,11), verachtet er diejenigen nicht, die ein zerbrochenes und zerschlagenes Herz haben, also die Menschen, denen ihre Verfehlungen leid sind (Vers 19).

Dieser ist der vierte der sieben sogenannten „Bußpsalmen" und weist in seiner Überschrift auf die schwere Sünde Davids hin. Vom Dach seines Palastes aus sah er an einem Frühlingsnachmittag eine schöne Frau namens Bathseba und begehrte sie für sich selbst. Er beging Ehebruch mit ihr. Ihren Mann Uria, den Hethiter, ließ er während des Kampfes gegen die Ammoniter an den Platz stellen, an dem die heftigsten Kämpfe tobten, dorthin also, wo er gewiß getötet werden würde. So war es dann auch; Uria fiel in der Schlacht. Daraufhin nahm sich David Bathseba zur Frau. Erst als der Prophet Nathan von Gott zu ihm geschickt wurde, um ihn zurechtzuweisen, wurde sich David seiner Schuld bewußt, bekannte seine Sünde und bat um Vergebung. Sein schlichtes Bekenntnis „Ich habe gegen den Herrn gesündigt" (2. Samuel 12,13) wird hier ausgearbeitet zu einem Gebet um Gottes reinigende und erneuernde Barmherzigkeit und hat seitdem als Gebet der Bußfertigen gedient.

Das Verlangen nach der Barmherzigkeit Gottes

Wir können nur dann erkennen, daß wir der Barmherzigkeit Gottes bedürfen, wenn wir die Schwere unserer Sünde sehen. Wie in Psalm 32,

---

Ein Psalm Davids, vorzusingen, als der Prophet Nathan zu ihm kam, nachdem er zu Bathseba eingegangen war.

Gott, sei mir gnädig nach deiner Güte, und tilge meine Sünden nach deiner großen Barmherzigkeit.

Wasche mich rein von meiner Missetat, und reinige mich von meiner Sünde;

denn ich erkenne meine Missetat, und meine Sünde ist immer vor mir.

An dir allein habe ich gesündigt und übel vor dir getan, auf daß du recht behaltest in deinen Worten und rein dastehst, wenn du richtest.

Siehe, ich bin als Sünder geboren, und meine Mutter hat mich in Sünden empfangen.

Siehe, dir gefällt Wahrheit, die im Verborgenen liegt, und im Geheimen tust du mir Weisheit kund.

Entsündige mich mit Ysop, daß ich rein werde; wasche mich, daß ich schneeweiß werde.

Laß mich hören Freude und Wonne, daß die Gebeine fröhlich werden, die du zerschlagen hast.

Verbirg dein Antlitz vor meinen Sünden, und tilge alle meine Missetat.

Schaffe in mir, Gott, ein reines Herz, und gib mir einen neuen, beständigen Geist.

Verwirf mich nicht von deinem Angesicht, und nimm deinen heiligen Geist nicht von mir.

Erfreue mich wieder mit deiner Hilfe, und mit einem willigen Geist rüste mich aus.

Ich will die Übertreter deine Wege lehren, daß sich die Sünder zu dir bekehren.

Errette mich von Blutschuld, Gott, der du mein Gott und Heiland bist, daß meine Zunge deine Gerechtigkeit rühme.

Herr, tu meine Lippen auf, daß mein Mund deinen Ruhm verkündige.

Denn Schlachtopfer willst du nicht, ich wollte sie dir sonst geben, und Brandopfer gefallen dir nicht.

Die Opfer, die Gott gefallen, sind ein geängsteter Geist, ein geängstetes, zerschlagenes Herz wirst du, Gott, nicht verachten.

Tu wohl an Zion nach deiner Gnade, baue die Mauern zu Jerusalem.

Dann werden dir gefallen rechte Opfer, Brandopfer und Ganzopfer; dann wird man Stiere auf deinem Altar opfern.

(Luther)

so werden auch in den Versen 3 und 4 dieses Psalms drei verschiedene hebräische Wörter benutzt, um Davids Sünde zu beschreiben, nämlich „Übertretung" (das Überschreiten einer Grenze), „Sünde" (Zielverfehlung) und „Missetat" (natürliche Verdorbenheit). Der Gedanke, der hinter diesen Wörtern steht, ist die wichtige Anerkennung des Wesens und des Ursprungs der Sünde.

Das Wesen der Sünde ist Auflehnung gegen Gott: „An dir allein habe ich gesündigt und übel vor dir getan, auf daß du recht behaltest in deinen Worten und rein dastehst, wenn du richtest" (Vers 6). Es trifft zu, daß David gegen Bathseba und Uria, gegen seine Familie und seine Nation gesündigt hatte, aber in erster Linie und vor allem hatte er gegen die Liebe und das Gesetz Gottes gesündigt. Er hatte begehrt, gestohlen, Ehebruch und Mord begangen, und indem er das tat, brach er vier der letzten fünf Gebote. So zog er sich das gerechte Gericht Gottes zu (vgl. Römer 3 und 4, wo Paulus diese Worte zitiert, um die unwandelbare Gerechtigkeit Gottes in seinem Umgang mit den Menschen zu beschreiben). Weil wir unter dem Gericht Gottes stehen, brauchen wir die Barmherzigkeit Gottes.

Das Wesen der Sünde ist Rebellion; ihr Ursprung ist die gefallene Natur des Menschen: „Siehe, ich bin als Sünder geboren, und meine Mutter hat mich in Sünden empfangen" (Vers 7). Das bedeutet natürlich nicht, daß die wunderbaren Vorgänge der Empfängnis und der Geburt in sich selbst sündig seien, sondern daß unsere menschliche Natur von Anfang an mit Sünde infiziert ist. Wir erben sie von unseren Eltern, und sie ist mit Selbstbezogenheit durchsetzt. Das ist die Ursünde, und David kam dazu, sie zuzugeben, als ihn sündige Leidenschaft und Lust, Eifersucht, Grausamkeit und Habsucht überfielen und niederwarfen.

Wenn wir uns selbst so sehen, wie wir sind, einerseits als Rebellen gegen Gott und unter dem Gericht Gottes stehend, und andererseits Gefangene unserer korrupten Natur, dann kommen wir, wie David, dahin, an uns selbst zu verzweifeln und zu Gott zu schreien, um ihn um Erbarmen zu bitten.

Die Äußerung der Barmherzigkeit Gottes

Das Erbarmen Gottes drückt sich dadurch aus, daß es der Not des Sünders entgegenkommt, ihm Vergebung und Reinigung gewährt.

Indem er um Vergebung bat, benutzte David zwei vielsagende Sprachfiguren. Zunächst bat er Gott darum, seine Übertretungen auszutilgen (Verse 3,11). Dieses Verb beschreibt das Auslöschen von etwas Geschriebenem aus einem Buch (siehe z. B. Hesekiel 32,32). David scheint sich seine Sünden als eine schriftliche Liste seiner Vergehen vorzustellen, die ihn anklagen, oder als einen Schuldenkatalog, dessen Schulden er nicht bezahlen kann. So bittet er darum, daß die Eintragungen ausgelöscht werden möchten.

Zweitens gibt er zu, daß seine Sünden ihn verunreinigt haben und bittet Gott darum, ihn reinzuwaschen (Vers 4), bis die schwarzen Flecken verschwinden und er weißer ist als Schnee (Vers 9). Da man in alttestamentlichen Ritualen ein Bündel Ysop in Blut oder Wasser zu tauchen pflegte, das dann zeremonisch versprengt wurde, steht das Wort „Ysop" in Vers 9 als ein Symbol der Reinigung.

David war bewußt, daß er Reinigung und Vergebung nötig hatte.

Gott „gefällt Wahrheit, die im Verborgenen liegt" (Vers 8), aber Davids Natur war korrupt (Vers 7). Nur die schöpferische Macht Gottes konnte ihn neu machen. Deswegen betete er: „Schaffe in mir, Gott, ein reines Herz, und gib mir einen neuen, beständigen Geist" (Vers 12). Er verlangte nach einer neuen Natur mit neuen, reinen Wünschen, und nach einem beständigen und willigen Geist (Vers 14). Schon bevor die volle neutestamentliche Offenbarung enthüllt war, scheint David gewußt zu haben, daß nur der Heilige Geist selbst ihm eine solche neue Natur und einen neuen Geist geben konnte (Vers 14).

Wenn Gott ihm in seiner Barmherzigkeit ein reines Gewissen und ein reines Herz geben würde, dann würde sich der Schmerz, den ihm seine Sünde gebracht hatte, in Freude und Glück verwandeln (Verse 10 und 14).

Die Folgen der Barmherzigkeit Gottes

Der letzte Teil des Psalms (Verse 15-21) ist den Konsequenzen gewidmet, die der Erfahrung der Reinigung und der neuschaffenden Barmherzigkeit Gottes folgen. David nimmt sich vor, daß seine Einstellung Gott gegenüber und auch seinen Mitmenschen gegenüber anders werden muß.

Zuerst einmal erkennt er seine Verantwortlichkeit im Hinblick auf seine Mitmenschen an. Er hat gegen sie gesündigt; nun will er ihnen in einer neuen Weise dienen. Da seine eigenen Übertretungen vergeben worden sind, möchte er nun die Übertreter Gottes Wege lehren, damit sie zu ihm umkehren (Vers 15). Er betet darum, von Blutschuld befreit zu werden (Vers 16). Vielleicht meint er, obwohl er sich in der Tat des Blutes des Uria schuldig gemacht hat –, daß Gott nicht das Blut der Sünder von ihm fordern soll, die er nicht gewarnt oder unterwiesen hätte (vgl. Hesekiel 3,16-27 und 33,1-20).

Zweitens ist er Gott gegenüber verantwortlich. Er möchte seine Lippen zur Anbetung und zum Zeugnis einsetzen: „Herr, tu meine Lippen auf, daß mein Mund deinen Ruhm verkündige" (Vers 17). Dies ist, was Gott wünscht, nicht Opfer oder Brandopfer. Das bedeutet nicht, daß es Gott gefiele, wenn überhaupt keine Opfer dargebracht würden; vielmehr geht es um die Art von Opfer, die er vor allen anderen zu sehen wünscht, besonders bei Sündern wie David: ein geängstetes und zerschlagenes Herz. Wenn der Sünder dann Vergebung erlangt hat, mag er Dank- und Lobopfer darbringen (Vers 17; vgl. Psalm 50,14, 23).

Von den beiden letzten Versen haben manche Ausleger den Eindruck, daß sie überhaupt nicht zu Davids Psalm gehören. Anscheinend wird auf den Wiederaufbau der Mauern Jerusalems hingewiesen (Vers 20), obwohl diese Worte auch im übertragenen Sinn angewandt sein könnten. Und Vers 21 „Dann werden dir gefallen rechte Opfer, Brandopfer und Ganzopfer" scheint Vers 18 zu widersprechen, wo es heißt „Schlachtopfer willst du nicht ... und Brandopfer gefallen dir nicht". Dieser Widerspruch ist aber nur oberflächlich, denn diese Diskrepanz stimmt mit den Lehren der Psalmen und Propheten überein. Die Opfer als solche sind Gott nicht unwillkommen, aber sie gefallen ihm nur, wenn sie Ausdruck eines zerschlagenen, anbetenden Herzens und eines gehorsamen Willens sind.

Gegenüberliegende Seite:
Eine arabische Frau
schneidet mit einer
traditionellen Sichel
Getreide im Gebiet der
West Bank. „Das Land
gibt sein Gewächs; es
segne uns Gott, unser
Gott!"

Psalm 67

Rettung und Heilung für die Nationen

Dieser Psalm scheint sich vor allem mit dem Segen Gottes zu befassen. Dreimal in diesen acht kurzen Versen kommt er auf dieses Thema zu sprechen, teils in Form eines Gebetes um den Segen Gottes, teils indem bekräftigt wird, daß Gott segnen wird.

Dies verleiht dem Psalm 67 einen vertrauten Klang, denn auch wir reden häufig über den Segen Gottes. „Gott segne dich", sagen wir, wenn wir uns von jemandem verabschieden, oder am Ende eines Briefes. Im Englischen sagt man sogar „bless you" (= Gott segne dich), wenn jemand niest. Wir scheinen sehr eifrig zu sein, den göttlichen Segen für unsere Freunde sicherstellen zu wollen, so daß wir keine Gelegenheit auslassen, ihnen diesen Segen zu wünschen.

Was meinen wir aber, wenn wir Gottes Segen suchen? Die Sprache dieses Psalms klingt schön, weil die Worte dem hohepriesterlichen Segen entnommen sind. Dieser wurde zunächst Mose von Gott gegeben, damit Aaron und seine Söhne ihn bei der Anbetung in der Stiftshütte benutzen sollten, wie es in 4. Mose 6,24-26 steht: „Der Herr segne dich und behüte dich; der Herr lasse sein Angesicht leuchten über dir und sei dir gnädig; der Herr hebe sein Angesicht über dir und gebe dir Frieden." Dieser Segen wurde regelmäßig bei den Tempelgottesdiensten in Jerusalem benutzt und wird noch heutzutage gerne von Christen in Gottesdiensten angewendet. Echos dieses Segens klingen in verschiedenen Psalmen an (z. B. in Psalm 4,6; 29,11; 31,16; 80,3,7,20). So bilden auch in diesem Psalm, der zweifellos zur liturgischen Verwendung im Tempel geschrieben worden ist, einige Worte aus dem alten Segen Aarons die Grundstruktur.

Wenn wir den Psalm 67 als Ganzes ansehen, so lehrt er uns, daß es in gewisser Weise gerechtfertigt ist, wenn wir für uns selbst beten, weil es selbstlose Gründe dafür gibt, das selbstsüchtige Gebet „Gott segne uns" zu beten. Zwei solcher Gründe werden direkt und unverhohlen aufgeführt.

Ein Psalmlied, vorzusingen, beim Saitenspiel.
Gott sei uns gnädig und segne uns, er lasse uns sein Antlitz leuchten,
daß man auf Erden erkenne seinen Weg, unter allen Heiden sein Heil.
Es danken dir, Gott, die Völker, es danken dir alle Völker.
Die Völker freuen sich und jauchzen, daß du die Menschen recht richtest und regierst die Völker auf Erden.
Es danken dir, Gott, die Völker, es danken dir alle Völker.
Das Land gibt sein Gewächs; es segne uns Gott, unser Gott!
Es segne uns Gott, und alle Welt fürchte ihn! (Luther)

Die Erkenntnis Gottes

Der erste Grund, weshalb wir wünschen, daß Gott uns segnen möge, ist, daß durch uns sein Heil der ganzen Menschheit bekannt werde (Verse 2,3). In einem solchen Fall war es überhaupt nicht selbstsüchtig, wenn Israel Gottes Segen suchte. Sie beteten darum, daß Gott sie segnen möge, nicht um es sich selbst inmitten seiner Segnungen wohl gehen zu lassen, sondern damit sie den Segen an andere weitergeben konnten. Sie verlangten danach, daß Gott ihnen gnädig sein möge, damit durch sie die Nationen seine Gnade erhalten konnten und seine Wege und sein Heil kennenlernten.

Wir sollten uns daran erinnern, daß Israel sehr auffällige Ansprüche im Hinblick auf sich selbst und seinen Gott stellte. Die Israeliten behaupteten, das auserwählte Volk Gottes zu sein, mit dem Gott einen ewigen Bund geschlossen hatte. Sie verspotteten die toten, stummen Götzen der Nationen. Sie behaupteten, daß ihr Gott der einzige lebendige, aktive und wahre Gott sei. Deswegen war es nur natürlich, daß seine heidnischen Nachbarn dieses Volk teils neugierig, teils ungläubig beobachteten. Sie wollten Beweise für die Behauptungen Israels sehen. „Wo ist denn nun euer Gott?" fragten sie. Sie wollten wissen, was Gott für sein Volk zu tun in der Lage war, worin er anders war, und ob an den Behauptungen Israels etwas dran war.

Deswegen betete Israel zu Gott und bat ihn darum, ihnen gnädig zu sein und sie zu segnen. Wenn sich nur der aaronitische Segen bewahrheitete! Wenn Gott ihnen doch nur seine Barmherzigkeit gewährte! Wenn Gott sie doch nur in besonderer Weise segnete, so daß das Licht seines Lächelns immer über ihnen und mit ihnen wäre! Dann würden es die Nationen doch gewiß selber sehen. Würden sie dann nicht einen sichtbaren Beweis der Existenz, der Aktivität und der Gnade Gottes haben? Würden dann nicht die Nationen seine Wege und sein Heil kennenlernen und selbst erfahren, daß Gott gerecht regiert und sein Volk leitet wie ein Hirte seine Herde (Vers 5)?

Das gleiche Prinzip ist auch heute in Kraft. Nichtchristen beobachten uns. Wir Christen behaupten, Jesus Christus zu lieben und ihm nachzufolgen. Wir sagen, daß er unser Heiland, unser Herr und unser Freund ist. „Worin ist das Leben dieser Christen durch Jesus anders?" fragt die Welt. „Wo ist ihr Gott?" Ohne Widerspruch zu fürchten, kann man heute behaupten, daß es das größte Hindernis für die Weltevangelisation ist, daß die Gemeinde versäumt hat, durch ihr eigenes Leben und ihre Arbeit Zeugnis von der rettenden Macht Gottes abzulegen. Zu recht dürfen wir für uns selbst um Gottes Segen, Barmherzigkeit und das Licht seines Antlitzes beten, nicht um seine Gnade zu monopolisieren und uns in seiner Gunst zu sonnen, sondern damit andere in uns seinen Segen und seine Schönheit sehen und durch uns zu ihm gezogen werden.

Die Anbetung Gottes

Die Verse 4 und 6 bilden einen weiteren Refrain in diesem Psalm. Sie geben den zweiten Grund an, weswegen wir Gottes Segen zu erlangen wünschen. Nicht nur, damit andere ihn kennenlernen mögen. Denn, weswegen wünschen wir, daß sie Gott kennenlernen? Nur damit sie sein Heil erlangen? Möchten wir, daß andere tun, was wir selbst abgelehnt haben? Wenn wir selbst Gott nicht aus selbstsüchtigen Gründen um seinen Segen bitten, sollten wir dann damit zufrieden sein, wenn andere das tun? Das macht keinen Sinn.

Wir müssen über die Errettung der Nationen auf das große Ziel schauen, das darin besteht, daß auch sie dahin kommen sollen, Gott anzubeten und zu loben. Wir sollten ihre Errettung nicht nur deswegen wünschen, damit sie ihn kennenlernen, sondern damit sie ihn auch selbst anbeten. Der stärkste Beweggrund der Evangelisation ist nicht die Bedürftigkeit der Menschen, sondern die Verherrlichung Gottes, nicht, daß die Völker das Heil annehmen, sondern daß sie Gott die Ehre darbringen, die seinem Namen gebührt, daß sie ihn anerkennen und ewig anbeten. Wir können uns nicht zufriedengeben, bevor jeder Bekehrte zu jemandem geworden ist, der Gott anbetet.

Ein Mönch fegt den Garten am Ufer des Sees Genezareth, der an die Erscheinung des auferstandenen Christus vor seinen Aposteln erinnert. Bei jener Gelegenheit wies Jesus Petrus an: „Weide meine Lämmer."

Psalm 73

Vom Wohlergehen der Gottlosen

Die Vorsehung Gottes, seine moralische Weltordnung, stellt ein Problem dar, das das menschliche Denken schon immer verblüfft hat. Das Buch Hiob und die Psalmen 37, 49 und auch 73 sind diesem Thema gewidmet. Das Problem ist einfach zu beschreiben. Gott hat sich selbst als guter und gerechter Gott offenbart, der die Gottlosigkeit bestraft und Gutsein belohnt. Wenn er allmächtig und ausschließlich gut ist, weshalb erlaubt er es dann, daß es auf der Erde so viel moralische Korruption gibt? Statt daß die Gerechtigkeit die Gottlosen ereilt, gedeihen sie wie grünende Bäume (Psalm 37,35). Sie kommen nicht nur mit ihrer Gottlosigkeit ungeschoren durch, sondern scheinen sogar von den Problemen verschont zu bleiben, die andere Menschen heimsuchen. Kurz gesagt: Ehrlichkeit scheint nicht die beste Lebensart zu sein. Es zahlt sich nicht aus, gut zu sein. Die Gottlosen gedeihen, wogegen die Gerechten mit Widerwärtigkeiten zu kämpfen haben. Dies ist der Hintergrund dieses Psalms.

Das Problem (Verse 1-14)

Der Psalmist beginnt mit der Überzeugung, die allen gottesfürchtigen Menschen zueigen ist, selbst angesichts scheinbar widersprechender Umstände: „Gott ist dennoch Israels Trost für alle, die reines Herzens sind" (Vers 1). Das ist ein Grundpfeiler der geoffenbarten Religion und kann in keiner Weise aufgegeben werden. Aber sofort danach fügt der Psalmist hinzu: „Ich aber wäre fast gestrauchelt mit meinen Füßen; mein Tritt wäre beinahe geglitten. Denn ich ereiferte mich über die Ruhmredigen, als ich sah, daß es den Gottlosen so gut ging" (Verse 2,3). Zunächst bedrückt es den Psalmisten, daß sie immun zu sein scheinen gegen Krankheit und Unglück (Verse 4,5). Dann ihre Arroganz (Verse 6-9). Ihre Augen und Herzen, ihre Art zu reden und ihre Blicke (Verse 7,8) sind voller Betrug. Sie beanspruchen nicht nur die Herrschaft über die Erde, sondern auch über den Himmel (Vers 9). Abgesehen davon, daß es Nöte für sie scheinbar nicht gibt und daß sie arrogant sind, finden sie auch noch Anerkennung in der Welt (Verse 10,11). Die Menschen fragen, weshalb Gott sie nicht bestraft, wenn er um sie weiß (Vers 11).

Der Psalmist beschließt seine Beschreibung der Gottlosen, indem er sagt, daß sie immer sorglos sind und an Reichtum zunehmen. Dann ruft er mit Bitterkeit aus: „Soll es denn umsonst sein, daß ich mein Herz rein hielt und meine Hände in Unschuld wasche? Ich bin doch täglich geplagt, und meine Züchtigung ist alle Morgen da." Wenn die Gottlosen gedeihen, ist es vergeblich, gerecht zu sein. Gerechtigkeit zahlt sich nicht aus; die großen Dividenden gehen an die Boshaften.

Gott ist dennoch Israels Trost für alle, die reines Herzens sind. Ich aber wäre fast gestrauchelt mit meinen Füßen; mein Tritt wäre beinahe geglitten. Denn ich ereiferte mich über die Ruhmredigen, als ich sah, daß es den Gottlosen so gut ging. Denn für sie gibt es keine Qualen, gesund und feist ist ihr Leib. Sie sind nicht in Mühsal wie sonst die Leute und werden nicht wie andere Menschen geplagt. Darum prangen sie in Hoffart und hüllen sich in Frevel. Sie brüsten sich wie ein fetter Wanst, sie tun, was ihnen einfällt. Sie achten alles für nichts und reden böse, sie reden und lästern hoch her. Was sie reden, das soll vom Himmel herab geredet sein; was sie sagen, das soll gelten auf Erden. Darum fällt ihnen der Pöbel zu und läuft ihnen zu in Haufen wie Wasser.

Sie sprechen: Wie sollte der Höchste etwas merken? Siehe, das sind die Gottlosen; die sind glücklich in der Welt und werden reich. Soll es denn umsonst sein, daß ich mein Herz rein hielt und meine Hände in Unschuld wasche? Ich bin doch täglich geplagt, und meine Züchtigung ist alle Morgen da. Hätte ich gedacht: Ich will reden wie sie, siehe, dann hätte ich das Geschlecht deiner Kinder verleugnet. So sann ich nach, ob ich's begreifen könnte, aber es war mir zu schwer, bis ich ging in das Heiligtum Gottes und merkte auf ihr Ende. Ja, du stellst sie auf schlüpfrigen Grund und stürzest sie zu Boden. Wie werden sie so plötzlich zunichte! Sie gehen unter und nehmen ein Ende mit Schrecken. Wie ein Traum verschmäht wird, wenn man erwacht, so

verschmähst du, Herr, ihr Bild, wenn du dich erhebst. Als es mir wehe tat im Herzen und mich stach in meinen Nieren, da war ich ein Narr und wußte nichts, ich war wie ein Tier vor dir. Dennoch bleibe ich stets an dir; denn du hältst mich bei meiner rechten Hand, du leitest mich nach deinem Rat und nimmst mich am Ende mit Ehren an. Wenn ich nur dich habe, so frage ich nichts nach Himmel und Erde. Wenn mir gleich Leib und Seele verschmachtet, so bist du doch, Gott, allezeit meines Herzens Trost und mein Teil. Denn siehe, die von dir weichen, werden umkommen; du bringst um alle, die dir die Treue brechen. Aber das ist meine Freude, daß ich mich zu Gott halte und meine Zuversicht setze auf Gott den Herrn, daß ich verkündige all dein Tun. (Luther)

Der richtige Lösungsansatz für das Problem (Verse 15,16)

Der Grund, weswegen der Psalmist fast gestolpert und gefallen wäre (Vers 2) war sein falscher Ansatzpunkt. Er hatte mindestens drei Fehler begangen. Zunächst hatte er die Gottlosen beneidet (Vers 3). Es ist stets falsch, die Freiheit des Sünders, Sünde zu begehen, zu beneiden. „Dein Herz sei nicht neidisch auf den Sünder, sondern trachte täglich nach der Furcht des Herrn" (Sprüche 23,17). Zweitens war Bitterkeit gegen Gott in dem Psalmisten aufgekommen, wie er später bekennt (Verse 21-22). Gott solche anmaßenden Vorwürfe zu machen, bedeutete, sich wie ein unvernünftiges Tier zu verhalten, nicht wie ein mit Verstand ausgestattetes menschliches Wesen. Drittens war der Psalmist versucht, aufzugeben. Als er zu verstehen versuchte, sagt er: „Es war mir zu schwer" (Vers 16). Er konnte keine Lösung finden und wahr nahe dran, in seiner Verzweiflung aufzugeben.

Die Verunsicherung und Hoffnungslosigkeit dauerten jedoch nur an „bis ich ging in das Heiligtum Gottes" (Vers 17). Diejenigen, die demütig das Angesicht Gottes suchen, erhalten Unterscheidungs- und Wahrnehmungsvermögen. Wir Christen des 20. Jahrhunderts müssen diese Lektion lernen. Wenn die Probleme der Herrschaft Gottes über die Welt uns verunsichern, sollten wir weder neidvoll auf die Gottlosen noch voller Selbstmitleid auf uns selbst schauen. Wir sollten nicht aufgeben, nach Lösungen zu suchen, noch in Verzweiflung untergehen, sondern vielmehr auf unsere Knie fallen und Gott anschauen. „Vom geheimen Platz des Allerhöchsten aus sehen wir die Dinge, wie Gott sie sieht" (Campbell Morgan).

Die Lösung (Verse 17-27)

Unser Problem wird dadurch verschärft, daß wir engstirnig und kurzsichtig sind. Es geht um eine Frage der Perspektive. Ein Berg, der uns bedrohlich zu sein scheint, wenn wir an seinem Fuß stehen, während er über uns aufragt, wird harmlos und unbedeutend, wenn wir ihn aus der Entfernung, oder aus der Luft anschauen. So kann das Problem der Vorsehung Gottes nicht innerhalb von zeitlichen Begrenzungen und hier auf der Erde gelöst werden. Seine Lösung wird in der kommenden Welt, in der Ewigkeit stattfinden. Viele der Ungleichheiten des Lebens werden in der Jetztzeit fortbestehen. Aber die Mißstände werden beseitigt und das Böse wird vergolten werden. Die Gottesfürchtigen werden im Endgericht gerechtfertigt werden. Deswegen müssen wir immer wieder ins Heiligtum Gottes gehen, weil dort unsere Perspektive zurechtgerückt und unser Blick geschärft wird.

Was der Psalmist in Gottes Heiligtum begreifen konnte, war das ewige Schicksal dieser Menschen (Vers 17). Sie gedeihen jetzt, aber es ist wahr, daß Gott sie auf schlüpfrigen Grund gestellt hat. In den Worten Jesu sind sie auf dem breiten Weg, der zur Verdammnis führt. Letztendlich wird der Tod sie für sich fordern, und sie werden vernichtet werden. In der Tat, wie ein Traum nichtig wird, wenn der Schlafende erwacht, so wird das Gedächtnis der Gottlosen ausgelöscht werden (Vers 17-19).

Wenn so das Schicksal der Boshaften aussieht, so ist doch das Schicksal der Gerechten völlig anders: „Dennoch bleibe ich stets an dir" (Vers 23). Das bedeutet, obwohl die Gottlosen nun gedeihen, werden sie letzten Endes doch zugrunde gehen, wogegen die Gottesfürchtigen beständig die Gegenwart Gottes genießen, jetzt und in Ewigkeit (Vers 24). Die Gott angehören, mögen Mangel und Verfolgung zu spüren bekommen, aber ihr bleibender Besitz ist Gott selbst. In einer der erhabensten persönlichen Glaubensbezeugungen des Alten Testaments fährt der Psalmist fort: „Wenn ich nur dich habe, so frage ich nichts nach Himmel und Erde" (Vers 25). Im Himmel und auf der Erde, in der Zeit und in der Ewigkeit ist der lebendige Gott für immer sein Teil (Vers 26). Solche Gemeinschaft mit Gott ist ewiges Leben, das der Tod weder stören noch zerstören kann.

Am Schluß, in den Versen 27 und 28, werden die gegensätzlichen Schicksale der Gottesfürchtigen und der Gottlosen zusammengefaßt, wie sie der Psalmist im Heiligtum Gottes erkannt hat: „Denn siehe, die von dir weichen, werden umkommen; du bringst um alle, die dir die Treue brechen. Aber das ist meine Freude, daß ich mich zu Gott halte." Zweifellos, die Nähe Gottes scheint für den Materialisten kein greifbares „Gut" zu sein, da sie mit Kummer und Leiden in der Welt verbunden sein kann. Aber diejenigen, die schon jetzt die wahren Reichtümer schätzen, wissen, daß unser wahres und ewiges Gut Gott ist.

Psalm 84

Die Vorhöfe des Herrn

Der Tempel in Jerusalem war für die Juden der heiligste Ort auf Erden, denn dort war das Allerheiligste mit der Scheschina, der Wolke der Herrlichkeit, der sichtbaren Offenbarung der Gegenwart Gottes. Natürlich wußten fromme Israeliten sehr gut, daß Gott nicht auf Erden wohnt und daß selbst der Himmel Himmel ihn nicht fassen können, wie es Salomo ausgedrückt hat (1. Könige 8,27). Trotzdem hat es ihm gefallen, seinen Namen auf Jerusalem zu legen und dort das Symbol seiner Gegenwart auf dem Gnadenstuhl hinter dem Vorhang des Tempels erscheinen zu lassen. Als Folge davon liebte jeder Israelit den Tempel und freute sich über die Maßen auf jede Gelegenheit, ihn zu besuchen, besonders zu den drei jährlichen Festen. Er konnte aufrichtig singen: „Wie lieb sind mir deine Wohnungen, Herr Zebaoth!" (Vers 2). Das gleiche Verlangen nach dem Tempel kommt in den Psalmen 42 und 43 und in einigen der Pilgerpsalmen (120-134) zum Ausdruck.

Das Gesegnetsein anderer (Verse 2-8)

Der Psalmist beginnt damit, auszudrücken, wie er sich nach Gottes Wohnort sehnt. Sein ganzes Sein, Seele, Herz und Körper verlangen danach. Er sehnt sich danach, ja er schmachtet danach, in die Vorhöfe des Herrn einzutreten, was gleichbedeutend damit war, sich dem lebendigen Gott selbst zu nahen. Aus irgendeinem Grund jedoch wird er davon abgehalten, sich den Wunsch seines Herzens zu erfüllen. So schaut er neiderfüllt auf diejenigen, auf Vögel und Menschen, die das genießen können, was ihm gegenwärtig unmöglich ist.

Er denkt an die Spatzen, die zahlreichsten und gewöhnlichsten Vögel auf der Welt, die ihre Nester in jede verfügbare Ritze oder Nische der Tempelgebäude bauen. Die Schwalbe ist darin wahrscheinlich der

Ein Psalm der Söhne Korah, vorzusingen, auf der Gittith. Wie lieb sind mir deine Wohnungen, Herr Zebaoth! Meine Seele verlangt und sehnt sich nach den Vorhöfen des Herrn; mein Leib und Seele freuen sich in dem lebendigen Gott.
Der Vogel hat ein Haus gefunden und die Schwalbe ein Nest für ihre Jungen — deine Altäre, Herr Zebaoth, mein König und mein Gott.
Wohl denen, die in deinem Hause wohnen; die loben dich immerdar.

Wohl den Menschen, die dich für ihre Stärke halten und von Herzen dir nachwandeln! Wenn sie durchs dürre Tal ziehen, wird es ihnen zum Quellgrund, und der Frühregen hüllt es in Segen.
Sie gehen von einer Kraft zur andern und schauen den wahren Gott in Zion.
Herr, Gott Zebaoth, höre mein Gebet; vernimm es, Gott Jakobs!
Gott, unser Schild, schaue doch; sieh doch das Antlitz deines Gesalbten!

Denn ein Tag in deinen Vorhöfen ist besser als sonst tausend. Ich will lieber die Tür hüten in meines Gottes Hause als wohnen in der Gottlosen Hütten.
Denn Gott der Herr ist Sonne und Schild; der Herr gibt Gnade und Ehre. Er wird kein Gutes mangeln lassen dem Frommen.
Herr Zebaoth, wohl dem Menschen, der sich auf dich verläßt! (Luther)

gewandteste Vogel. Große Schwärme dieser Vögel kommen immer wieder auf ihren Zügen nach Palästina, und viele von ihnen nisten auch heute noch in der Umgebung der Omar-Moschee in Jerusalem. Diese Vögel erscheinen dem Psalmisten beneidenswert zu sein. Ihnen ist es gestattet, in unmittelbarer Nähe der Altäre Gottes zu wohnen. Kreischende Spatzen und zwitschernde Schwalben scheinen im Einklang mit dem Volk Gottes Gott zu loben. Nun wendet sich der Schreiber an die Priester, die im Haus Gottes wohnen und ihn allezeit loben (Vers 5). Beide nennt er gesegnet (Verse 5,6).

Er konzentriert sich auf die Pilger (Verse 6-8), zweifellos, weil er selbst gerne unter ihnen sein möchte, und beschreibt ihre Reise nach Jerusalem hinauf. Sie haben ihre Herzen auf ihren Pilgerweg gerichtet (Vers 6), und ihr entschlossener Vorsatz stärkt sie auf ihrem ermüdenden Weg. Er schildert sie, wie sie ein dürres Tal durchqueren (Das Baka-Tal). Aber selbst solche mühsamen Wegstücke schrecken die Pilger nicht ab. Im Gegenteil, sie finden einen Quellort, da die Herbstregen auch diesen Ort mit Teichen bedecken. In anderen Worten: „Hoffnung unterstützt sie bei jedem Schritt" (Bischof Perowne). Sie gehen von Kraft zu Kraft, gestärkt durch die freudige Erwartung, bald vor Gott in Zion erscheinen zu können (Vers 8).

Ein persönliches Gebet (Verse 9-13)

Während der Psalmist das Gesegnetsein von Spatzen und Schwalben, Pilgern und Priestern beschreibt, die den Tempel besuchen oder dort wohnen, drückt sich sein eigenes Verlangen, dort zu sein, in einem Gebet aus: „Herr, Gott Zebaoth, höre mein Gebet!" (Vers 9). Was folgt, ist das Gebet eines Gesalbten Gottes (Vers 10), was bedeuten muß: eines Königs. Wir können seine Bedeutung in diesem Zusammenhang nur erahnen. Vielleicht war das Wohl der Nation mit in das des Königs eingeschlossen.

Der Schreiber fährt fort, Gründe für sein Gebet um einen Besuch des Tempels anzuführen und drückt diese in beeindruckenden Worten über Raum und Zeit aus (Vers 11). Ein Tag im Haus Gottes, sagt er, ist ihm mehr wert als tausend Tage irgendwo sonst. Er zieht es vor, nur der Schwelle des Tempels als Türhüter im Hause Gottes nahen zu dürfen, statt irgendwo gemütlich in den Zelten der Bösen leben zu können. Nur ein Tag. Nur als Türhüter. Selbst ein solch flüchtiger Kontakt mit Gott aus der Ferne würde ihn zufriedenstellen, da Gott die Sonne ist, die uns mit Licht umhüllt, und der Schild, der uns vor Bösem schützt. Darüber hinaus verleiht Gott Gnade und Ehre und wird denen kein Gutes vorenthalten, die in Aufrichtigkeit leben (Vers 12).

Der Psalm endet mit einer weiteren Aussage über diejenigen, die gesegnet sind. Nicht nur die Priester, die in den Vorhöfen des Tempels wohnen (Vers 5) und die Pilger, die sie besuchen (Vers 6), sondern alle Menschen, die ihr Vertrauen auf Gott setzen (Vers 13), ganz gleich, ob sie Gelegenheit haben, nach Jerusalem hinaufzugehen oder nicht.

Christen, die Gott anbeten, haben keine Probleme damit, diesen Psalm auf sich selbst zu beziehen, da das Neue Testament uns klar sagt, was der Tempel Gottes ist, den wir „schön" nennen und zum Gegenstand unserer Wünsche machen können. Zuerst ist es die Gemeinde, nicht nur die universale, sondern auch die Ortsgemeinde (Epheser 2,21 und 1. Korinther 3,16, 2. Korinther 6,16), d. h. jegliche Gemeinschaft

der Gläubigen. Gott wohnt nicht in Tempeln, die mit Händen gemacht sind (Apostelgeschichte 7,48), sondern unter seinem Volk. Wir müssen nicht nach Jerusalem reisen, um ihm zu begegnen. Wo zwei oder drei von uns im Namen Christi zusammengekommen sind, ist er in unserer Mitte (Matthäus 18,20). Deswegen lieben wir es, zu gemeinsamer Anbetung öffentlich zusammenzukommen.

Aber die endgültige Erfüllung der Bedeutung des Tempels wird im Himmel stattfinden, im neuen Jerusalem, von dem geschrieben steht: „Und ich sah keinen Tempel darin, denn der Herr, der allmächtige Gott, ist ihr Tempel, er und das Lamm", und: „Siehe da, die Hütte Gottes bei den Menschen! Und er wird bei ihnen wohnen, und sie werden sein Volk sein, und er selbst, Gott mit ihnen, wird ihr Gott sein" (Offenbarung 21,2,3). In diesem Sinne wissen auch gläubige Christen aus ihrer eigenen Erfahrung um das sehnliche Verlangen des Psalmisten nach dem Tempel Gottes. Wir dürsten nach Gott, und unsere Hoffnung, die wir als Christen haben, stärkt uns auf unserem mühsamen Pilgerweg zum Himmel.

In einer Paraphrase dieses Psalms verbindet Henry Francis Lyte geschickt die doppelte neutestamentliche Anwendung des Themas des Tempels mit der christlichen Anbetung und dem Himmel:

> *Lieblich sind deine Vorhöfe dort oben*
> *im Land des Lichtes und der Liebe,*
> *lieblich sind deine Vorhöfe hier unten,*
> *in diesem Land der Sünde und des Kummers.*
> *Oh, mein Geist verlangt und sehnt sich nach Gemeinschaft mit den*
> *Deinen,*
> *nach dem Licht deines Angesichts,*
> *nach deiner Fülle, du Gott der Gnade.*

Psalm 90

Der vergängliche Traum des Lebens

Dieser Psalm schildert die Kürze des Menschenlebens im Licht der göttlichen Ewigkeit. Der Autor nimmt Bezug auf eine Periode besonderer Anfechtung (Vers 15) und auch auf die allgemeine Hinfälligkeit und Sündhaftigkeit der Menschheit. Dabei zeigt er keine Anzeichen von Verzweiflung oder Klage; er spricht im Geist demütiger Unterordnung und vertrauensvoll.

Gottes Ewigkeit (Verse 1-6)
Der Psalm beginnt mit einer wunderbaren Aussage über die Ewigkeit Gottes, weswegen dieser von jeher der Zufluchtsort der Seinen gewesen ist. Das Wort „Zuflucht" ist hier das gleiche, das in 5. Mose 33,27 steht: „Zuflucht ist bei dem alten Gott und unter den ewigen Armen." Inmitten all der Höhen und Tiefen des Lebens liegt unsere Sicherheit in ihm, der schon, bevor die Berge wurden und die Welt erschaffen wurde von Ewigkeit zu Ewigkeit Gott war und ist.

Menschen sind dagegen Geschöpfe aus Staub. In einer deutlichen Anspielung auf 1. Mose 3,19 wird von Gott ausgesagt, daß er den Menschen befiehlt, wieder zu Staub zu werden (Vers 3). So sieht die Realität des Todes aus: „Erde zu Erde, Asche zu Asche, Staub zu Staub." Wir sind nicht nur sterblich, sondern extrem kurzlebig. Für Gott ist ein ganzes Jahrtausend wie ein Tag (vgl. 2. Petrus 3,8), oder gar nur wie eine der Nachtwachen (Vers 4). Unser menschliches Leben jedoch ist im Vergleich mit der göttlichen Zeitlosigkeit wie das frische Gras, das am

---

Ein Gebet des Mose, des Mannes Gottes.
Herr, du bist unsre Zuflucht für und für.
Ehe denn die Berge wurden und die Erde und die Welt geschaffen wurden, bist du, Gott, von Ewigkeit zu Ewigkeit.
Der du die Menschen lässest sterben und sprichst: Kommt wieder, Menschenkinder!
Denn tausend Jahre sind vor dir wie der Tag, der gestern vergangen ist, und wie eine Nachtwache.
Du lässest sie dahinfahren wie einen Strom, sie sind wie ein Schlaf, wie ein Gras, das am Morgen noch sproßt,
das am Morgen blüht und sproßt und des Abends welkt und verdorrt.

Das macht dein Zorn, daß wir so vergehen, und dein Grimm, daß wir so plötzlich dahin müssen.
Denn unsre Missetaten stellst du vor dich, unsre unerkannte Sünde ins Licht vor deinem Angesicht.
Darum fahren alle unsre Tage dahin durch deinen Zorn, wir bringen unsre Jahre zu wie ein Geschwätz.
Unser Leben währet siebzig Jahre, und wenn's hoch kommt, so sind's achtzig Jahre, und was daran köstlich scheint, ist doch nur vergebliche Mühe; denn es fähret schnell dahin, als flögen wir davon.
Wer glaubt's aber, daß du so sehr zürnest und wer fürchtet sich vor dir in deinem Grimm?

Lehre uns bedenken, daß wir sterben müssen, auf daß wir klug werden.
Herr, kehre dich doch endlich wieder zu uns und sei deinen Knechten gnädig!
Fülle uns frühe mit deiner Gnade, so wollen wir rühmen und fröhlich sein unser Leben lang.
Erfreue uns nun wieder, nachdem du uns so lange plagest, nachdem wir so lange Unglück leiden.
Zeige deinen Knechten deine Werke und deine Herrlichkeit ihren Kindern.
Und der Herr, unser Gott, sei uns freundlich und fördere das Werk unsrer Hände bei uns. Ja, das Werk unsrer Hände wollest du fördern! (Luther)

Gegenüberliegende Seite:
„Fülle uns frühe mit
deiner Gnade, so wollen
wir rühmen und fröhlich
sein unser Leben lang."

Morgen blüht und abends schon durch die Sonnenhitze und den Wind verwelkt ist. Dies ist ein beständiges Thema der Heiligen Schrift. Wir finden in ihr auch andere vielsagende Sprachfiguren, die die Kürze unseres irdischen Lebens betonen. Es ist wie ausgeschüttetes Wasser, wie ein Schatten, der vergeht, wenn die Sonne hervorkommt, oder wie Rauch, den der Wind vertreibt.

Gottes Zorn (Vers 7-11)

Im folgenden Abschnitt verlagert sich der Schwerpunkt von der Ewigkeit Gottes zu seinem Zorn. Auf den ersten Blick mag dieser Übergang abrupt erscheinen, aber der Psalmist sieht die Sterblichkeit des Menschen auf dem düsteren Hintergrund des Mißfallens Gottes wegen der Sünde. Das tat er nicht nur, weil seine Nation durch eine Unglückszeit ging, die er dem Gericht Gottes zuschrieb, sondern weil er anerkannte, daß der Tod die Strafe für die Sünde des Menschen ist (1. Mose 2,17; 3,19; Römer 5,12). Deswegen schreibt er von unseren Sünden, ja sogar von unseren verborgenen Sünden, die vor Gott offenliegen (Vers 8), und stellt fest, daß wir alle unsere Tage unter Gottes Zorn verbringen (Vers 9). Unsere durchschnittliche Lebenszeit mag 70 Jahre betragen, und trotzdem sind selbst diese von Kummer und Sorge gekennzeichnet. Er sagt dies nicht mit Bitterkeit, sondern als ruhige und realistische Feststellung. Es ist jedem Menschen bestimmt zu sterben, und unsere kurze Lebenszeit steht unter dem Gericht Gottes (Vers 11), es sei denn, wir finden Gnade. Das führt uns natürlich zu den Bitten, mit denen der Psalm endet.

Gottes Gnade (Vers 12-17)

Das erste Gebet, das unter dem Eindruck der Sünde und Sterblichkeit des Menschen entsteht, finden wir in Vers 12: „Lehre uns bedenken, daß wir sterben müssen, auf daß wir klug werden." Klugheit oder Weisheit besteht darin, Gott zu kennen und zu fürchten. Das Leben ist so kurz, daß es Dummheit ist, ihn zu ignorieren. Der reiche Kornbauer im Gleichnis Jesu, der so plante und redete, als ob er ewiges Leben hätte, wird von Gott ein Narr genannt.

Zweitens bittet der Psalmist: „Fülle uns frühe mit deiner Gnade", denn wenn wir früh durch die Liebe Gottes Frieden finden, werden wir unser Leben lang fröhlich sein (Verse 13,14). Darüber hinaus wird die Freude, die Gott uns gibt, uns für die Jahre des Unglücks entschädigen (Vers 15).

Das dritte Gebet hat es mit unserer Arbeit zu tun. Eine der Tragödien des Todes ist, daß er unsere Arbeit unterbricht und unsere Errungenschaften plötzlich beendet. Das trifft allerdings nur für menschliche Unternehmungen zu, die in menschlicher Kraft ausgeführt werden. Wenn Gott seinen Dienern seine Werke zeigt, seine Macht durch sie kundtut und sie mit seiner Gnade segnet, so ist die Folge davon, daß er das Werk unserer Hände gedeihen läßt (Verse 16,17). Die einzigen Werke, die dauerhaft sind, sind die, die Gott fördert.

Die Kürze des Lebens soll uns dazu drängen, ein weises Herz zu erstreben, indem wir Gott zu unserer Zuflucht machen, in seiner Liebe Ruhe finden und unter seinem Segen fruchtbare Arbeit tun.

Psalm 91

Der Schutz des Allerhöchsten

Dieser Psalm zeichnet sich durch etwas Ungewöhnliches aus: er beinhaltet die einzige Schriftstelle (zumindest in den heiligen Schriften), die vom Teufel zitiert wurde (vgl. Matthäus 4,6 und Lukas 4,10.11). Dies ist wichtiger als es klingt, denn tatsächlich hat der Teufel diese Verse falsch zitiert, bzw. falsch angewandt. Er drängte den Sohn Gottes dazu, sich selbst von der Zinne des Tempels hinunterzustürzen und dabei auf Gottes Verheißung zu vertrauen (Verse 11 und 12), daß seine Engel ihn beschützen und daß er nicht zu Schaden kommen würde. Der Teufel ist nicht die einzige Person, die versucht hat, Psalm 91 falsch anzuwenden, so als ob er bedingungslose Sicherheit für alle Situationen verspräche.

Unser Herr wußte, daß es eine Versuchung Gottes gewesen wäre, aufgrund der Verheißungen dieses Psalms vom Dach des Tempels hinunterzuspringen. Nur Kinder Gottes, die nach dem Willen Gottes leben, können mit Gottes Schutz rechnen. Und selbst dann haben sie keine Garantie, vor allem Schaden bewahrt zu bleiben (vgl. Vers 15). Was sie wissen, ist, daß sie letztendlich, wie immer ihre Lebensumstände auch sein mögen, in Gottes Liebe geborgen sind. Psalm 91 ist in der Tat das alttestamentliche Gegenstück zu Römer 8,31-39.

Die beste Art und Weise, die Gedankenfolge zu erfassen, ist die, zu sehen, daß der Gläubige zuerst zu Gott spricht (Verse 1,2). Dann wendet sich der Psalmist an die Gläubigen (Verse 3-13). Schließlich greift Gott ein, spricht zu dem Leser und bestätigt selbst die Sicherheit, die das Thema des Psalms ist (Verse 14-16).

Wer unter dem Schirm des Höchsten sitzt und unter dem Schatten des Allmächtigen bleibt, der spricht zu dem Herrn: Meine Zuversicht und meine Burg, mein Gott, auf den ich hoffe.

Denn er errettet dich vom Strick des Jägers und von der verderblichen Pest.

Er wird dich mit seinen Fittichen decken, und Zuflucht wirst du haben unter seinen Flügeln. Seine Wahrheit ist Schirm und Schild, daß du nicht erschrecken mußt vor dem Grauen der Nacht, vor den Pfeilen, die des Tages fliegen, vor der Pest, die im Finstern schleicht, vor der Seuche, die am Mittag Verderben bringt.

Wenn auch tausend fallen zu deiner Seite und zehntausend zu deiner Rechten, so wird es doch dich nicht treffen.

Ja, du wirst es mit eigenen Augen sehen und schauen, wie den Gottlosen vergolten wird.

Denn der Herr ist deine Zuversicht, der Höchste ist deine Zuflucht.

Es wird dir kein Übel begegnen, und keine Plage wird sich deinem Hause nahen. Denn er hat seinen Engeln befohlen, daß sie dich behüten auf allen deinen Wegen,

daß sie dich auf den Händen tragen und du deinen Fuß nicht an einen Stein stoßest. Über Löwen und Ottern wirst du gehen und junge Löwen und Drachen niedertreten.

Er liebt mich, darum will ich ihn erretten; er kennt meinen Namen, darum will ich ihn schützen.

Er ruft mich an, darum will ich ihn erhören; ich bin bei ihm in der Not, ich will ihn herausreißen und zu Ehren bringen.

Ich will ihn sättigen mit langem Leben und will ihm zeigen mein Heil. (Luther)

Der Gläubige (Verse 1,2)

Der Glaube des Gläubigen gründet sich auf das, was Gott ist. Er ist einerseits der Höchste und der Allmächtige (Vers 1), unendlich in seinem Wesen und in seiner Macht, aber andererseits ist er der Herr (Vers 2), Jahwe, der Gott des Bundes mit Israels, der sich durch einen feierlichen Pakt mit seinem Volk verbunden hat. Im Schatten eines solchen Gottes Zuflucht zu suchen, ist Weisheit. Er ist die Zuflucht und die Burg des Gläubigen.

Die Kirche des Heiligen Grabes in Jerusalem. Von dieser vielbesuchten Kirche denkt man, daß sie auf dem Boden von Golgatha erbaut wurde, wo Jesus gekreuzigt wurde. „Wer unter dem Schirm des Höchsten sitzt und unter dem Schatten des Allmächtigen bleibt, der spricht zu dem Herrn: Meine Zuversicht und meine Burg."

Der Psalmist (Verse 3-13)

Nachdem er dieses Glaubensbekenntnis geäußert hat, bestätigt er es nun, indem er die Gläubigen dadurch ermutigt und ihnen Schutz zusichert. Kühne Vorstellungskraft kommt zur Anwendung, um den göttlichen Schutz zu beschreiben, der versprochen worden ist. Gott wird die Seinen verteidigen wie ein Muttervogel, der seine Jungen unter seinen Flügeln versteckt; seine Treue wird sie so schützen wie ein Schild einen Soldaten (Vers 4). Was sind denn nun die Gefahren, aus denen der Gläubige errettet werden wird? Sie werden in verschiedener Weise beschrieben: der Strick des Vogelfängers ... die tödliche Pest (Vers 3), der Schrecken der Nacht ..., die Pfeile, die des Tages fliegen (Vers 5), Seuchen und Plagen (Vers 6).

Es ist ohne Einschränkungen möglich, diese bildhafte Sprache als einen Hinweis auf tatsächliche Unglücksfälle auszulegen. Einige Kommentatoren haben jedoch gemeint, daß man sich hier auf Dämonen bezieht, vielleicht aus babylonischen Quellen.

Sei es wie es sei, die Befreiung von allem Bösen wird deutlich versprochen. Mögen auch Zehntausende fallen (Vers 7), und die Bösen die Strafe für ihre Sünden erhalten (Vers 8), so können doch die, die beim Herrn Zuflucht gesucht haben, zuversichtlich sagen: „So wird es doch dich nicht treffen" (Verse 9, 10). Gottes Engel werden sie beschützen (Verse 11,12, vgl. Psalm 34,7 und Hebräer 1,14), so daß nicht einmal der Löwe, die Otter und der Drache (Vers 13) ihnen Schaden zufügen können. Die Schlange ist das listigste und der Löwe das stärkste aller Tiere. Nicht umsonst wird der Satan „die alte Schlange" genannt und als umhergehender „brüllender Löwe" beschrieben (Offenbarung 12,9; 20,1 und 1. Petrus 5,8).

Der Herr (Verse 14-16)

Schließlich hört man den Herrn selbst reden, weder zu dem Gläubigen, noch zu dem Psalmisten, sondern zu dem Leser, wobei er den Glauben des Gläubigen anerkennt und das Thema des Psalmisten aufgreift. Hat der Psalmist behauptet: „Er wird dich erretten"? Er hat recht. Zweimal wiederholt Gott dieselben Worte: „Ich will ihn schützen. Ich will ihn herausreißen" (Verse 14,15). Weshalb? „Weil er mich liebt." Gott ist der erhabene Gegenstand der Liebe des Gläubigen und seines Glaubens, und denjenigen, für die er das ist, wird die Zusicherung gegeben, daß „denen, die Gott lieben, alle Dinge zum Besten zusammenwirken" (Römer 8,28). Nicht daß Gläubige es sich leisten könnten, untätig zu sein und dem Nichtstun zu verfallen. Sie müssen Gott vertrauen und ihrem Glauben im Gebet Ausdruck geben. Dann wird Gott ihnen antworten. Die göttliche Befreiung wird jedoch nicht immer einen Ausweg aus dem Kummer bedeuten; manchmal bedeutet sie, daß Gott im Kummer bei ihnen ist (Vers 15). Die letzte Verheißung, die Gott seinen Dienern gibt, die ihm vertrauen, ist die eines langen Lebens und seines Heils (Vers 16). Es ist nicht unmöglich, daß der Psalmist, wie auch die Propheten, mehr schrieb, als er selbst wußte, denn die letztendliche Bedeutung der Sicherheit ist die des ewigen Lebens und Heils, wie sie allein in Jesus Christus zu finden sind.

Psalm 95

Eine Einladung zum Singen und Zuhören

Dieser Psalm ist ein Aufruf an die Leute, die Gott als den Fels ihres Heils kennen (Vers 1). Sie werden dazu aufgefordert, sein Lob zu singen und sein Wort zu hören. Mindestens ab dem 4. Jahrhundert nach Christus ist dieser Psalm in vielen Gemeinden zu Beginn der Anbetung im Gottesdienst gesungen worden.

Eine Einladung, Gottes Lob zu singen (Verse 1-7)
Im Gebetbuch König Heinrich VIII. wird der Psalm 95 „ein Lied, das den Lobpreis Gottes weckt" genannt. Und welch ein aufrüttelnder Aufruf ist er in der Tat! In den Versen 1, 2 und 6 haben wir sieben Ermahnungen, die aufeinander folgen. Die in der Versammlung Anwesenden — zweifellos sind sie in den Vorhöfen des Tempels versammelt — werden als mit gegenseitiger Ermahnung befaßt dargestellt. Sie regen einander zur Anbetung an und rufen sich gegenseitig dazu auf, Gott zu lobsingen, da die öffentliche Anbetung im wesentlichen gemeinsam geschieht.

In diesem Psalm werden uns Anregungen und Einladungen zur Anbetung gegeben. Wir hören nicht nur das wiederholte „Laßt uns", sondern auch das hinzugefügte „... denn der Herr ist", womit uns ein Grund zur Anbetung genannt wird. Erst dann, wenn wir erkannt haben, wer der Herr ist, werden wir innerlich dazu bewegt, ihn anzubeten.

Wer ist er denn? Dieser Psalm antwortet, daß er der große Gott (Vers 3) und unser Gott (Vers 7) ist.

Zunächst ist er der große Gott. Er ist erhaben im Himmel (Vers 3), der große König über allen Göttern. Man muß nicht annehmen, daß

Kommt, wir singen für den Herrn, wir begrüßen ihn mit Freudengeschrei; denn er ist unser starker Helfer!
Wir treten vor ihn mit unserem Dank, wir ehren ihn mit unseren Liedern!
Denn der Herr ist der höchste Gott, der große König über alle Götter:
In seiner Gewalt sind die Tiefen der Erde, und ihm gehören die Gipfel der Berge.
Das Meer gehört ihm — er hat es gemacht, und auch das Land — er hat es geformt.
Kommt, verneigt euch, werft euch nieder, geht auf die Knie und betet ihn an, ihn, den Herrn, unseren Schöpfer!
Denn er ist unser Gott, und wir sind sein Volk, für das er sorgt wie ein Hirte, das er leitet wie eine Herde.
Heute gilt es! Hört, was er euch sagt: „Seid doch nicht so verstockt wie eure Vorfahren damals in Meriba oder wie an dem Tag von Massa in der Wüste!
Sie haben mich dort herausgefordert, mich haben sie auf die Probe gestellt, und haben doch meine Taten selber gesehen!
Angewidert haben sie mich, die ganze Generation, vierzig lange Jahre! Schließlich mußte ich mir sagen: 'Alles, was sie wollen, ist verkehrt; nach meinem Willen haben sie nie gefragt!'
Darum habe ich in meinem Zorn geschworen: 'Niemals werden sie das Land betreten, wo ich ihnen Ruhe geben wollte!' (Gute Nachricht)

Ein Sturm am See Genezareth. „Das Meer gehört ihm — er hat es gemacht, und auch das Land — er hat es geformt."

der Psalmist die Götzen als objektive Realität betrachtete, denn „alle Götter der Völker sind Götzen" (Psalm 96,5). Gott ist auch der Höchste auf Erden (Verse 4,5). Jede Dimension ist miteingeschlossen, so daß gezeigt wird, daß es nichts außerhalb des Herrschaftsbereiches Gottes gibt. Die Tiefen der Erde, die Höhen der Berge und die Weiten der Meere und des Landes gehören ihm. Sie alle sind in seiner Hand (Vers 4), weil er sie geschaffen hat (Vers 5). Die Hand, die am Anfang das Universum erschaffen hat, hält es noch immer in der Hand. Gott hat die natürliche Ordnung unter seiner Kontrolle, weil er sie geschaffen hat.

Zweitens ist er unser Gott (Vers 7). Er ist uns an Größe weit überlegen, trotzdem ist er uns in seiner Güte nahe. Seine Majestät ist verbunden mit Barmherzigkeit, und seine Herrlichkeit mit Gnade. Hat er die Erde erschaffen? Er hat auch Israel erschaffen. Er ist der Herr, der uns gemacht hat (Vers 6, vgl. auch Psalm 100,3; 149,2; Jesaja 51,13; 54,5) Der Schöpfer aller Dinge ist der Erlöser seines auserwählten Volkes. Er ist auch unser Hirte, der uns Schafe seiner Weide nennt.

Psalm 95 macht auch klar, daß unsere Einstellung bei der Anbetung sich dementsprechend verändern wird, wie unsere Aufmerksamkeit auf Gott ausgerichtet ist. In den Versen 1 und 2 wird die Einladung ausgesprochen, einen Freudenlärm für den Herrn zu veranstalten und mit Danken in seine Gegenwart zu treten, denn Gott ist ein großer Gott. Wegen seiner Größe in der Schöpfung sollen wir laut jubeln. Aber in Vers 6 werden wir dazu aufgerufen, vor dem Herrn auf die Knie zu fallen, denn er ist unser Gott (Vers 7). Hat dieser große Gott sich dazu herabgelassen, unser Gott zu sein, unser Hirte, der uns seine Schafe nennt? Dann ist dies kein Anlaß zu lautstarker, überschäumender Fröhlichkeit, sondern zu Ehrfurcht und Verwunderung, wobei wir uns mit angehaltenem Atem anbetend und demütig vor ihm niederwerfen.

Mit dem Ende des 7. Verses ändert sich die Stimmung wieder. Der Sprecher ist auch ein anderer. Bis jetzt hat man sich in der Versammlung gegenseitig ermahnt; nun greift Gott ein und spricht selbst zu seinem Volk.

Eine Einladung, Gottes Wort zu hören (Vers 8-11)

Wir sollen nicht nur unsere Lippen öffnen, um Gottes Lob zu singen, sondern auch unsere Ohren, um sein Wort zu hören. Es ist bemerkenswert, daß diejenigen, die dazu ermahnt werden, Gottes Stimme zu hören, in den vorhergehenden Versen als Herde unter seiner Leitung beschrieben worden sind, denn natürlich hört ein Schaf auf die Stimme des Hirten (vgl. Johannes 10,2-4).

Die frühen Tage Israels werden von Gott als Anschauungsunterricht verwendet. Einen oder zwei Monate nach dem Auszug aus Ägypten, kurz bevor sie den Berg Sinai erreichten, lagerten die Kinder Israel in Refidim. Es gab dort kein Wasser. Deswegen klagten die Israeliten Mose an: „Gib uns Wasser zu trinken. Hast du uns aus Ägypten geführt, damit wir, unsere Kinder und unser Vieh in dieser Wüste verdursten?" Mose betete zum Herrn, und auf seine Anweisung hin schlug er den Felsen mit dem Stab Gottes, so daß Wasser hervorquoll. Mose gab diesem Ort zwei Namen: Massa, was Prüfung oder Versuchung bedeutet, und Meriba, was Streit oder Provokation heißt. Die diesbezügliche Geschichte finden wir in 2. Mose 17,1-7 aufgezeichnet.

Vierzig Jahre später kam es in Kadesch zu einer ähnlichen Krise. Wiederum wurde das Volk auf wunderbare Weise mit Wasser versorgt, als es sich bei Mose beklagte. Diesen Ort nannte man Meriba-Kadesch, um ihn von Meriba in Refidim zu unterscheiden. Diese zweite Geschichte finden wir in 4. Mose 20,1-13.

Gottes Volk hatte seinen Gott auf die Probe gestellt. Sie hatten ihn versucht. Obwohl sie seine Taten gesehen hatten, hatten sie keinen Glauben an ihn. Gott hatte sie auf wunderbare Weise aus ihrer Sklaverei in Ägypten befreit. Später hatte er seinen Bund mit ihnen aufgerichtet, hatte ihnen seine besondere Offenbarung anvertraut, in der Wüste für sie gesorgt. Trotzdem lehnten sie sich gegen ihn auf und zweifelten an seiner Liebe und Güte. Kein Wunder, daß wir in der Folge lesen: „Angewidert haben sie mich, die ganze Generation, vierzig lange Jahre!" Gott bezeichnete sie auch als Leute, die immerdar irregehen in ihren Herzen (Vers 10). Ihre Wüstenwanderung war das äußerliche Gegenstück zu ihren irrenden Herzen. Israels Sünde, Unglaube und Rebellion war so groß, daß es Gott in seinem Herzen und Sinn anwiderte (Vers 11). Gott offenbart sich in der Heiligen Schrift als ein Gott der Liebe und des Zornes, der Güte und der Strenge. Er haßt die Sünde mit unnachgiebigem Haß, während er den Sünder mit unauslöschlicher Liebe liebt.

Der Hebräerbrief macht diese Verse zu einer dringlichen Botschaft für die Christen unserer Tage: Darum, wie der heilige Geist spricht: „Heute, wenn ihr seine Stimme hören werdet, so verstockt eure Herzen nicht, wie es geschah bei der Verbitterung am Tage der Versuchung in der Wüste." (Hebräer 3,7.8). Heute ist der Tag des Heils, wir müssen wachsam sein, „nicht durch den Betrug der Sünde verhärtet zu werden" (Hebräer 3,13).

Psalm 98

Jahwe, der Heiland und König

Anlaß dieses Psalms ist offenkundig ein großer nationaler Sieg, der durch Gottes rechte Hand und durch Gottes heiligen Arm erzielt worden ist, vor den Augen der Nationen. Unabhängig davon ob es sich um einen gottgegebenen Sieg über Ägypten, Babylon oder irgend einen anderen Feind handelt, ist dieser Psalm darüber hinaus ganz sicher ein vorausschauender Hinweis auf die weit größere Errettung von Sünde, Satan und Tod, die Gott uns durch Jesus Christus, seinen Sohn, geschenkt hat. Diese Errettung ist die wunderbarste aller wunderbaren Taten, die Gott getan hat und führt die, die zu Gottes Volk gehören dazu, ein neues Lied zu singen. Es ist neu durch das immer neue Erstaunen über seine Gnade. Christliche Loblieder sind vorwiegend ein Sich-Freuen an den wunderbaren Taten Gottes.

Der Aufruf des Psalmisten zum Lobpreis ist nicht nur durch die mächtigen Taten Gottes in der Vergangenheit angebracht. Er sieht diese Taten auch als Beweis der gegenwärtigen Herrschaft Gottes und als eine Zusage, daß Gott auch am Ende der Zeit sein Königreich der Gerechtigkeit auf Erden aufrichten wird. Das dreifache Thema dieses Psalms umfaßt also Gott, den Heiland, König und Richter. Der Psalmist lädt alle, die zu Gottes Volk gehören, ein, Gott als ihrem Erretter zuzujubeln (Verse 1-4), alle Welt (Vers 4), ihn als König anzubeten (Verse 4-6), und die Natur (das Meer, die Welt, die Flüsse und die Berge), ihn als den kommenden Richter zu ehren (Verse 7-9).

Gott, der Heiland (Verse 1-3)

Der gottgegebene Sieg, der das Schreiben dieses Psalms auslöste, war allein Gott zuzuschreiben. Kein Mensch hatte dabei mitgewirkt. Gott verließ sich auf seine rechte Hand und auf seinen heiligen Arm (Vers 1).

Singet dem Herrn ein neues Lied, denn er tut Wunder. Er schafft Heil mit seiner Rechten und mit seinem heiligen Arm. Der Herr läßt sein Heil kundwerden; vor den Völkern macht er seine Gerechtigkeit offenbar. Er gedenkt an seine Gnade und Treue für das Haus Israel, aller Welt Enden sehen das Heil unsres Gottes. Jauchzt dem Herrn, alle Welt, singet, rühmet und lobet! Lobet den Herrn mit Harfen, mit Harfen und mit Saitenspiel! Mit Trompeten und Posaunen jauchzet vor dem Herrn, dem König! Das Meer brause und was darinnen ist, der Erdkreis und die darauf wohnen. Die Ströme sollen frohlocken, und alle Berge seien fröhlich vor dem Herrn; denn er kommt, das Erdreich zu richten. Er wird den Erdkreis richten mit Gerechtigkeit und die Völker, wie es recht ist. (Luther)

Da „Gott Geist ist" (Johannes 4,24), hat er natürlich keinen Körper, und folglich keine Hände noch Arme. Trotzdem stehen diese vielsagenden anthropomorphischen Ausdrücke, um sowohl seine Stärke wie auch sein direktes Eingreifen zugunsten seines Volkes zu beschreiben. Sowohl der Auszug Israels aus Ägypten wie auch die Befreiung aus Babylon werden in der Heiligen Schrift gleichermaßen dem starken Arm bzw. der mächtigen Hand Gottes zugeschrieben (vgl. z. B. 2. Mose 15,6.12; Psalm 44,1-3 und Jesaja 52,10; 59,16; 63,5).

Darüber hinaus war dieser Sieg Gottes keine geheime Angelegenheit, sondern ein öffentliches Schauspiel. Er offenbarte es vor den Augen der Nationen (Vers 2). Was sie sahen, war sein Heil und seine Gerechtigkeit.

Gott hatte auch dem Haus Israel seine Liebe und seine Treue bekannt gemacht (Vers 4). Israel war das auserwählte Volk Gottes, mit dem er in einen feierlichen Bund getreten war. Diesen Bund wollte Gott nie brechen noch vergessen. In der Tat, die kürzliche Befreiung war ein Beweis seiner Bundestreue. So konnte Israel Gott nicht nur für seine Macht preisen, die den Sieg errungen hatte, sondern auch für seine Treue, aus der er hervorgegangen war. Obwohl es ein Sieg für Israel durch den Gott Israels (unseren Gott) war, hatten ihn „aller Welt Enden" gesehen, was eine Erfüllung der Prophetie aus Jesaja 52,10 war, die Johannes der Täufer auf die Errettung durch Jesus anwandte (Lukas 3,6). Die Verbindung von Liebe und Treue kann man im ganzen Psalm 98 sehen, aber auch in den Psalmen 92,2 und 100,5, sowie in Micha 7,20.

Gott, der König (Vers 4-6)

War zunächst das Volk Israel dazu aufgerufen, Gott zu preisen, so sind es nun alle Bewohner der Erde (Vers 4, vgl. Psalm 100,1). Selbst wenn sie nicht wie Israel das Heil Gottes erlebt hatten, können sie zusammen mit Israel seine Herrschaft anerkennen. Er ist der Herr, der König (Vers 6). Die mächtige Errettung seines Volkes ist ein sichtbarer Beweis seiner souveränen Herrschaft über die Angelegenheiten von Menschen und Völkern. Er ist anzubeten, nicht nur mit Jauchzen (Vers 4), sondern auch mit Gesang und mit Musikinstrumenten (Verse 5,6).

Es scheint so, daß diese äußerlichen Freudenbezeugungen ausgewählt worden sind, da sie in der Regel den Amtsantritt oder die Krönung eines neuen Königs begleiteten. Als Zadok den König Salomo salbte, wurden die Trompeten geblasen, die Leute jauchzten und gaben ihrer Freude durch Musik Ausdruck (1. Könige 1,39.40). Gleicherweise als der Junge Joas zum König gekrönt und von dem Priester Jojada gesalbt wurde; dabei klatschten die Leute sogar in die Hände (2. Könige 11,12-14). So soll auch die Herrschaft Jahwes gleichermaßen mit Gesang und Freudenrufen, mit Händeklatschen und Trompeten gefeiert werden (vgl. Psalm 47). Es gab im hebräischen Gottesdienst etwas, das C.S. Lewis einen gewissen „gusto" (ein typisches Flair) nannte.

Gott, der Richter (Vers 7-9)

In diese Anbetung, die Männer und Frauen darbringen, wobei sie ihrer Freude durch Musikinstrumente und ihre Stimmen Ausdruck geben, wird nun auch die ganze belebte und unbelebte Natur eingeladen, einzustimmen. Das Meer und seine Bewohner, die Welt und die auf ihr wohnen, die Fluten und die Hügel sollen sich miteinander vor dem

Teil der Karfreitagsprozession christlicher Pilger auf der Via Dolorosa in der Altstadt Jerusalems.

Herrn freuen. In dem Schäumen der Fluten können wir ihr Händeklatschen wahrnehmen. Der Grund ihres Jubels liegt noch in der Zukunft.

Es scheint hier anerkannt zu werden, daß die Natur einer Art Sklaverei unterworfen ist, so wie es der Apostel Paulus später in Römer 8,18-25 aufzeigt. Gott wird sie erst davon befreien, wenn er kommt, um sein Königreich aufzurichten. Er ist schon König (Vers 6), aber die Erde erkennt seine Herrschaft noch nicht an. Deswegen kommt er, um die Erde und ihre Völker zu richten (Vers 9). Erst wenn Gottes Herrschaft auf der Erde aufgerichtet worden ist (sie hat in Christus ihren Anfang, obwohl das messianische Königreich in diesem Psalm als die Herrschaft Gottes, des Vaters dargestellt wird), werden die Völker und die Natur seiner gerechten Herrschaft unterworfen werden. Der, der seine Gerechtigkeit schon durch die Errettung seines Volkes demonstriert hat (Vers 2), wird diese bei seinem Gericht über die Welt wiederum zeigen. Sein Gericht wird die Bestrafung der Gottlosen miteinschließen, wie es in Jesaja 11,1-5 deutlich gemacht wird. Aber selbst dabei können wir jubeln, weil wir erkennen werden, daß seine Gerichte „wahrhaftig und gerecht" sind, und deswegen werden wir „Amen, Halleluja" rufen (Offenbarung 19,1-5).

Psalm 100

Der Herr ist Gott und er ist gut

Dieser Psalm wurde von den Israeliten zunächst im Tempel, später bei den täglichen Versammlungen in den Synagogen gesungen. Die mittelalterliche Gemeinde sang ihn in dem Gottesdienstteil, der Laudes genannt wurde. Er ist heute in seiner metrischen Version höchst populär, die „Alle Völker, die auf Erden wohnen" heißt. Sie wurde wahrscheinlich von William Kethe, einem Schotten des 16. Jahrhunderts und Freund des Reformators John Knox komponiert.

Sie hat nur fünf Verse, ist aber trotzdem ein beredsamer Aufruf zur Anbetung, und die Anbetung, zu der sie uns ruft, hat zwei Kennzeichen.

Zwei Kennzeichen der Anbetung

Dieser Psalm wird „Jubilate" genannt, was „Freue dich!" oder „Jauchze laut!" bedeutet. Freude soll unsere Anbetung bestimmen. Psalm 100 ist einer aus einer Gruppe von acht Psalmen, in denen die königliche Souveränität Jahwes gefeiert wird. „Der Herr regiert . . . er ist bekleidet mit Majestät . . . dein Thron wurde vorzeiten gegründet." „Der Herr ist der große Gott, der erhabene König über alle Götter." „Macht kund unter den Völkern: 'Der Herr regiert'." „Der Herr regiert; des freue sich das Erdreich." „Singet mit Freuden vor dem Herrn, dem König." „Der Herr ist König, darum zittern die Völker." (Psalm 93,1.2; 95,3; 96,10; 97,1; 98,6; 99,1). Von diesen königlichen Psalmen ist der Psalm 100 die Doxologie.

Wenn Gott also König ist, wie kann unsere Anbetung anders sein als freudig? Weg mit den Friedhofsgesichtern und Sorgenfalten! Freude, Glück und Gesang sollen unsere Anbetung begleiten.

Ein Psalm zum Dankopfer.
Jauchzet dem Herrn, alle Welt!
Dienet dem Herrn mit Freuden, kommt
vor sein Angesicht mit Frohlocken!
Erkennet, daß der Herr Gott ist! Er hat
uns gemacht und nicht wir selbst zu
seinem Volk und zu Schafen seiner Weide.
Gehet zu seinen Toren ein mit Danken,
zu seinen Vorhöfen mit Loben; danket
ihm, lobet seinen Namen!
Denn der Herr ist freundlich, und seine
Gnade währet ewig und seine Wahrheit
für und für.
(Luther)

Das Goldene Tor in Jerusalem, das auf das Kidrontal hinunterschaut. Sowohl Juden wie Moslems glauben, daß hier das Endgericht stattfinden wird.

Unsere Anbetung soll universal und freudig sein. „Jauchzet dem Herrn, alle Welt" (Vers 1). Es ist wahr, daß dieser Psalm Jahwe, dem Gott Israels, gilt; jedoch erkennt der Psalmist an, daß dieser Gott kein Monopol Israels ist. Hatte er nicht Abraham geschworen: „In deinem Samen sollen gesegnet werden alle Geschlechter auf Erden"? Steht nicht in Jesaja 56,6.7: „Und die Fremden, die sich dem Herrn zugewandt haben, ihm zu dienen und seinen Namen zu lieben, damit sie seine Knechte seien, alle, die den Sabbat halten, daß sie ihn nicht entheiligen, und die an meinem Bund festhalten, die will ich zu meinem heiligen Berg bringen und will sie erfreuen in meinem Bethaus … denn mein Haus soll ein Bethaus heißen für alle Völker." Kein Volk sollte abseits stehen, wenn dieser Ruf zur Anbetung ergeht. Jahwe ist keine Stammesgottheit Israels, sondern der erhabene Herrscher über die ganze Welt. Wenn wir uns daher zur Anbetung versammeln, sollten wir nicht nur den Wunsch haben, selbst Freudenjubel zu machen, sondern wünschen, daß alle Völker der Welt mit uns darin einstimmen.

Der Rest dieses Psalms ist eine Auslegung, weshalb die Nationen in unseren Jubel einstimmen sollen. Die Anbetung soll nicht nur freudig und universal, sondern auch vernünftig sein.

Die Größe Gottes

Erkennet, daß der Herr Gott ist (Vers 3). Wie wir anbeten, hängt davon ab, was wir wissen. Wissen und Erkenntnis spielen eine wichtige Rolle bei unserem Gottesdienst. Christen beten keinen „unbekannten Gott" an wie die alten Athener, sondern den Gott, der sich offenbart hat.

Was sollten wir denn wissen? Die Götter der Heiden sind Götzen. Sie können weder sehen noch sprechen noch handeln. Unser Gott lebt und ist aktiv. Darüber hinaus ist der Hauptbeweis, den der Psalmist für Gottes Handeln anführt, in der Geschichte Israels zu finden. Gott hat sein Volk aus der Knechtschaft in Ägypten erlöst, hat mit ihnen am Berg Sinai einen Bund geschlossen, hat sie durch die Wüste geführt und ins verheißene Land gebracht. Kurz gesagt: Er hat sie gemacht (vgl. 5. Mose 32,6.15 und Psalm 95,6). Er hat uns gemacht, und wir sind sein (Vers 3). Für dieses souveräne, eingreifende Handeln Gottes werden zwei anschauliche Illustrationen gegeben.

Zunächst ist Gott der Töpfer. Er hat uns gemacht. Gott wird hier mit einem Handwerker verglichen. Dieser Satz bezieht sich nicht auf das Einzelwesen, sondern auf die Nation. Israel wird manchmal im Alten Testament von Gott „meiner Hände Werk" genannt (vgl. z. B. Jesaja 29,23; 60,21).

Mit unglaublicher Geschicklichkeit und Geduld verrichtet der göttliche Töpfer seine Arbeit. Sein Ausgangsmaterial war niemals verheißungsvoll, oft sogar widerspenstig. Andere würden schon längst jede Hoffnung auf Erfolg aufgegeben haben. Aber er setzte seine Arbeit fort. Er ließ sich durch keinen Rückschlag abschrecken, ließ sich nicht durch Enttäuschungen entmutigen, sondern fuhr fort, aus Israel „ein Gefäß zur Ehre" zu machen, das ihm nützlich wäre.

Zweitens ist Gott der Hirte. Wir sind sein Volk, Schafe seiner Weide. Der Töpfer, der sie gemacht hatte, war auch der Hirte, der sie weidete. Durch alle Gefährdungen ihres abwechslungsreichen Lebens schützte und führte er sie. Er wachte über ihnen mit der gewissenhaften Zartheit eines Hirten aus dem Orient.

So steht es auch mit uns. Gott hat uns erlöst und uns zu sich selbst gebracht. Wir können sagen, daß er unser Töpfer und unser Hirte ist. Nichts könnte klarer und nachdrücklicher auf all das hinweisen, was wir der souveränen Gnade Gottes verdanken. Er ist es, der uns gemacht hat, und wir sind sein Volk. Wir haben uns weder selbst geschaffen noch zu seinem Volk gemacht. „Durch die Gnade Gottes sind wir, was wir sind." Wir haben also Grund, Gott zu loben, aber nicht, auf uns selbst stolz zu sein.

Es erstaunt nicht, daß der Psalmist wiederum zur Anbetung aufruft: „Geht zu seinen Toren ein mit Danken, zu seinen Vorhöfen mit Loben; danket ihm, lobet seinen Namen" (Vers 4). Unsere Anbetung soll freudig sein, einfach deswegen, weil sie von Dankbarkeit gekennzeichnet ist.

Die Güte Gottes

Gott ist nicht nur groß, sondern auch gut (Vers 5). Es gibt nicht nur Grund, ihn für das zu preisen, was er getan hat, sondern auch für das, was er ist.

Worin besteht seine Güte? Sie besteht in seiner Liebe, die ewig währt, und in seiner Treue (Vers 5). Unser Gott ist der Gott, der seinen Bund hält. Er ist nicht untreu oder wechselhaft. Sein Wort ist zuverlässig, seine Verheißungen sind vertrauenswürdig. Von Generation zu Generation bleibt er derselbe. Von Ewigkeit zu Ewigkeit ist er Gott.

Wir werden aufgerufen, ihn anzubeten, nicht nur weil er uns gemacht und uns zu sich gezogen hat, damit wir sein seien, sondern auch weil er bei uns bleiben will. Der himmlische Töpfer wird nie seine Arbeit aufgeben; er wird fortfahren, sie zu einem Gefäß zu machen, das schön und nützlich ist. Der himmlische Hirte wird nie seine Schafe im Stich lassen; er wird sie auf grüne Weiden führen und sie an stillen Wassern lagern lassen. Seine Güte und Gnade werden ihnen folgen alle Tage ihres Lebens. Das Gefäß ist in den Händen des Töpfers gut aufgehoben. Das Schaf ist sicher in den Armen des Hirten.

Psalm 103

Die Wohltaten der Gnade Gottes

Psalm 103 ist zweifellos einer der beliebtesten Psalmen, ebenso wie Henry Francis Lytes freie Paraphrase desselben unter dem Titel „Praise my Soul, the King of heaven". Dieses Lied ist eines der populärsten englischsprachigen Kirchenlieder. Wir haben hier eine authentische Aussage eines erlösten Christen vor uns, der Worte anhäuft, um seiner Dankbarkeit für Gottes Gnade Ausdruck zu geben. Sein Lob breitet sich in drei konzentrischen Kreisen aus. Zunächst spricht er sich selbst an und motiviert sich zur angemessenen Anbetung Gottes: „Lobe den Herrn, meine Seele" (Verse 1-5). Als nächstes ruft er dem Bundesvolk Gottes die Gnade Gottes in Erinnerung (Verse 6-18). Schließlich ruft er die ganze Schöpfung dazu auf, in den Lobgesang einzustimmen (Verse 1-22).

Gottes Wohltaten an mir (Verse 1-5)

Die ersten fünf Verse des Psalms sind sehr persönlich, da der Autor sich seine Pflicht bewußt macht und seine eigene, nachlässige Seele zur Anbetung aufruft. Er wünscht nicht nur, Gottes heiligen Namen zu preisen (Vers 1), indem er dessen Heiligkeit oder Einzigartigkeit anerkennt, sondern möchte sich auch an alle Wohltaten Gottes erinnern. In der Tat, er ist dazu entschlossen, daß seine Anbetung Gottes so umfassend sein soll wie Gottes Segnungen in seinem Leben: Mein ganzes inneres Wesen als Antwort auf all seine Wohltaten. Diese Wohltaten

Lobe den Herrn, meine Seele, und was in mir ist, seinen heiligen Namen!
Lobe den Herrn, meine Seele, und vergiß nicht, was er dir Gutes getan hat:
der dir alle deine Sünde vergibt und heilet alle deine Gebrechen, der dein Leben vom Verderben erlöst, der dich krönet mit Gnade und Barmherzigkeit, der deinen Mund fröhlich macht, und du wieder jung wirst wie ein Adler.
Der Herr schafft Gerechtigkeit und Recht allen, die Unrecht leiden.
Er hat seine Wege Mose wissen lassen, die Kinder Israel sein Tun.
Barmherzig und gnädig ist der Herr, geduldig und von großer Güte.
Er wird nicht für immer hadern noch ewig zornig bleiben.

Er handelt nicht mit uns nach unsern Sünden und vergilt uns nicht nach unserer Missetat.
Denn so hoch der Himmel über der Erde ist, läßt er seine Gnade walten über denen, die ihn fürchten.
So fern der Morgen ist vom Abend, läßt er unsre Übertretungen von uns sein.
Wie sich ein Vater über Kinder erbarmt, so erbarmt sich der Herr über die, die ihn fürchten.
Denn er weiß, was für ein Gebilde wir sind; er gedenkt daran, daß wir Staub sind.
Ein Mensch ist in seinem Leben wie Gras, er blüht wie eine Blume auf dem Felde;
wenn der Wind darüber geht, so ist sie nimmer da, und ihre Stätte kennet sie nicht mehr.
Die Gnade aber des Herrn währt von Ewigkeit zu Ewigkeit über denen, die ihn fürchten,

und seine Gerechtigkeit auf Kindeskind
bei denen, die seinen Bund halten und gedenken an seine Gebote, daß sie danach tun.
Der Herr hat seinen Thron im Himmel errichtet, und sein Reich herrscht über alles.
Lobet den Herrn, ihr seine Engel, ihr starken Helden, die ihr seinen Befehl ausrichtet, daß man höre auf die Stimme seines Wortes!
Lobet den Herrn, alle seine Heerscharen, seine Diener, die ihr seinen Willen tut!
Lobet den Herrn, alle seine Werke, an allen Orten seiner Herrschaft!
Lobe den Herrn, meine Seele!
(Luther)

umfassen Leib und Seele, da Gott sowohl alle meine Sünden vergibt wie auch alle meine Krankheiten heilt (Vers 3). Außerdem hat er mein Leben aus der grausamen Grube errettet (Vers 4), was bedeutet: aus dem Grab oder aus dem Totenreich. Nicht daß es genug wäre, den Psalmisten von Sünde, Krankheit und Tod errettet zu haben, Gott schüttet außerdem noch seine Segnungen über ihn aus. Er krönt ihn (Vers 4), das heißt: er macht ihn zu seinem Kind (vgl. Psalm 8,5).

Gott sättigt ihn zudem mit Gutem (Vers 5), so daß er „wieder jung wird wie ein Adler". Es kann sein, daß all dies auf eine alte Fabel anspielt, in der ein Adler von Zeit zu Zeit so weit aufsteigt, daß er der Sonne nahekommt, die ihn versengt. Verbrannt stürzt er ins Meer, aus dem er auf wunderbare Weise verjüngt wieder auftaucht. Oder es spielt auf die jährliche Mauser der Vögel nach der Brutsaison an, bis ihr Federkleid sich im kommenden Frühjahr erneuert. In diesem Psalm, wie auch in Jesaja 40,31 wird der Adler als Symbol von Jugend und Stärke verwendet.

Dies sind also die persönlichen Wohltaten Gottes an dem Psalmisten. Er hat ihn von Sünde, Krankheit und Tod errettet, so daß dieser sich privilegiert wie ein König und kraftvoll wie ein Adler fühlt.

Gottes Barmherzigkeit für sein Volk (Verse 6-18)

Statt im Singular redet der Psalmist nun im Plural, statt von den persönlichen Wohltaten Gottes, die er erfahren hat, kommt er nun auf die Barmherzigkeit Gottes für dessen Bundesvolk zu sprechen. Sooft sie bedrängt waren, hat er seine Gerechtigkeit und sein Gericht zu ihren Gunsten offenbart (Vers 6). Die deutlichste Offenbarung Gottes an sein Volk geschah unter der Leitung von Mose (Vers 7). Solch gerechtes Handeln an seinem Volk war ein Ausdruck der Gnade Gottes.

In der Tat, was der Psalmist weiter schreibt, ist eine Art Nachsinnen über die herrliche Offenbarung des Namens Gottes an Mose: „Herr, Herr, Gott, barmherzig und gnädig und geduldig und von großer Gnade und Treue" (2. Mose 34,6). Nachdem er diese Worte zitiert hat (Vers 8), unterstreicht der Autor des Psalms sie durch zwei negative Aussagen, drei Illustrationen und einen bemerkenswerten Kontrast.

Die beiden negativen Aussagen weisen darauf hin, daß Gott seinem gerechten Zorn über die Sünde Grenzen setzt. Erstens eine zeitliche Grenze, weil er nicht für immer hadern noch ewig zornig bleiben will. Zweitens hält er sich in der Ausübung seines Zorns zurück. Statt ein gerechtes Gericht über uns zu verhängen, handelt er nicht nach unseren Sünden mit uns (Verse 9,10). Dann folgen positive Illustrationen der Gnade Gottes. Seine beständige Liebe ist so hoch wie der Himmel, seine Vergebung entfernt unsere Sünden so weit von uns wie der Morgen vom Abend entfernt ist, d. h. unendlich weit, seine Barmherzigkeit ist so zartfühlend wie die eines Vaters seinen Kindern gegenüber, weil er unsere menschliche Schwachheit kennt (Verse 11-14).

Die Erwähnung der menschlichen Schwäche leitet über zur letzten Betonung der Gnade Gottes, die sich — wie in Psalm 90 — als einen Kontrast zwischen der menschlichen Vergänglichkeit und der Ewigkeit der Liebe Gottes darstellt. Die Menschen blühen und vergehen wie das Gras, wenn der heiße Wüstenwind bläst, aber für diejenigen, die Gott fürchten, seinen Bund halten und sich seiner Gebote erinnern, dauern Gottes Liebe und Gerechtigkeit immer fort und beschenken auch ihre

Wildblumen am
Straßenrand bei Samaria.
„Ein Mensch ist in seinem
Leben wie Gras, er blüht
wie eine Blume auf dem
Felde.“

Nachkommen (Verse 15-18). Diese Zusicherung der beständigen Liebe Gottes für die nachfolgenden Generationen hat schon vielen Trauernden Trost gebracht, wenn sie um ein Grab herumstanden und zusahen, wie jemand zur letzten Ruhe gelegt wurde.

Gottes Herrschaft über die ganze Schöpfung (Verse 19-22)

Im letzten Abschnitt wendet sich der Psalmist von der Liebe des Herrn zu seinem Bundesvolk zu Gottes Herrschaft über die ganze Schöpfung. „Der Herr hat seinen Thron im Himmel errichtet, und sein Reich herrscht über alles“ (Vers 19). So überzeugt von Gottes universalem Reich, ruft der Autor alles Geschaffene auf, Gott zu loben. Zunächst spricht er die starken Engel an, die er auch Gottes Helden und Diener nennt, deren typische Aktivität darin besteht, daß sie Gottes Willen tun (Verse 20, 21). Dann wendet er sich den niedrigeren Rängen der Schöpfung Gottes zu und ruft alle seine Werke an allen Orten dazu auf, Gott anzubeten. Schließlich kommt er wieder auf sich selbst zurück und schließt den Psalm so, wie er ihn begonnen hatte, nämlich mit der persönlichen Ermahnung: „Lobe den Herrn, meine Seele“ (Vers 22).

Psalm 104

Die Werke Gottes in der Natur

Psalm 103 und 104 bilden ein perfektes Paar und illustrieren die Ausgewogenheit der Bibel. Beide beginnen und enden mit den Worten „Lobe den Herrn, meine Seele". Psalm 103 erzählt in der Folge von der Güte Gottes, die in seinem Heil zum Ausdruck kommt, Psalm 104 berichtet von der Größe Gottes in der Schöpfung (Vers 1). Psalm 103 schildert Gott als Vater seiner Kinder, Psalm 104 als Schöpfer seiner Geschöpfe. Psalm 103 zählt seine Wohltaten auf (Vers 2), Psalm 104 seine Werke (Verse 13,24,31).

Der Autor von Psalm 104 dachte ganz offensichtlich an den Schöpfungsbericht aus 1. Mose 1 und läßt sich durch ihn inspirieren. Er lehnt sich ungefähr an dessen Reihenfolge an, indem er mit dem Licht beginnt und mit dem Menschen endet. Er schildert mit Worten von großer poetischer Schönheit, wie Gott Himmel und Erde gemacht hat (Verse 1-9), wie er Wasser, Nahrung und Unterschlupf für alle Vögel und Tiere bereitstellt (Verse 10-23). Nach weiterem Nachsinnen über die verschiedenartigen Werke, die Gott erschaffen hat und erhält, über kleine und große Tiere (Verse 24-30), schließt der Psalmist mit einem Gebet darum, daß die Herrlichkeit des Herrn bleiben möge, mit dem Entschluß, Gott sein ganzes Leben lang anzubeten und dem Wunsch, daß es ein Ende haben möge mit den Sündern, die Gottes Welt verderben (Verse 31-35).

Gott als Schöpfer von Himmel und Erde (Verse 1-9)
Die meisten Verben in diesem Abschnitt sollten wahrscheinlich in der Vergangenheit stehen und als ein Hinweis auf die Erschaffung von Himmel (Verse 1-4) und Erde (Verse 5-9) verstanden werden. Wir sollten diese Verse nicht wörtlich nehmen. Der Autor schreibt als ein Poet, nicht wie ein Wissenschaftler. Wir sollten uns Gott nicht auf Wolken reitend vorstellen noch die Vorstellung übernehmen, daß er die Erde wie ein Haus auf Pfeiler gestellt hat. All dies ist bildliche Sprache.

Was dieser Abschnitt uns lehrt, ist, daß Gott der Schöpfer des Universums ist und daß er sich selbst in ihm offenbart hat. Er selbst ist unsichtbar, aber er macht sich sichtbar in der sichtbaren Ordnung, die er geschaffen hat. Das Licht ist sein Gewand, die Himmel sind sein Zelt, die Luft seine Kammer, die Wolken sein Wagen, die Winde seine Boten und die Feuerflammen seine Diener (Verse 2-4). Der Reformator Calvin kommentiert: „Daß das Licht mit einem Gewand verglichen wird, bedeutet, daß, obwohl Gott unsichtbar ist, seine Herrlichkeit trotzdem offenbar ist."

Gleichermaßen wird von der Erde ausgesagt, daß Gott sie auf feste Fundamente gestellt und dann mit der Tiefe bedeckt hat. Hier geht es um das frühzeitliche Chaos, als die Erde „wüst und leer" war und es finster auf der Tiefe war (1. Mose 1,2). Die Trennung der Erde vom Wasser wird dramatisch geschildert (wie in 1. Mose 9,10), wobei die Wasser die

Den Herrn will ich preisen: Herr, mein Gott, wie bist du so groß! In Hoheit und Pracht bist du gekleidet. In Licht gehüllt, als wäre es ein Mantel. Wie ein Zeltdach spannst du den Himmel aus, deine Wohnung hast du über dem Himmelsozean gebaut. Du nimmst die Wolken als Wagen oder fliegst auf den Flügeln des Windes.

Der Sturm ist dein Bote und das Feuer dein Gehilfe. Du hast die Erde auf Pfeilern erbaut, nun steht sie fest und stürzt nicht zusammen. Die Fluten hatten das Land bedeckt, über den höchsten Bergen stand das Wasser. Vor deiner Stimme bekam es Angst; es floh vor deinem Donnergrollen. Von den Bergen floß es ab in die Täler, dorthin, wo du es haben wolltest. Dann hast du dem Wasser Grenzen gesetzt, nie wieder darf es die Erde überfluten. Du läßt Quellen entspringen und zu Bächen werden; zwischen den Bergen suchen sie ihren Weg. Sie dienen dem Wild als Tränke, Wildesel löschen dort ihren Durst. An den Ufern bauen die Vögel ihre Nester, aus dichtem Laub ertönt ihr Gesang. Vom Himmel schickst du den Regen herab auf die Berge; so sorgst du dafür, daß die Erde sich satt trinkt.

Du läßt Gras wachsen für das Vieh und Pflanzen, die der Mensch für sich anbaut, damit die Erde ihm Nahrung gibt: Der Wein macht ihn froh, das Öl macht ihn schön, das Brot macht ihn stark. Auch die großen Bäume trinken sich satt, die Libanonzedern, die du gepflanzt hast. In ihren Zweigen nisten die Vögel, hoch in den Wipfeln hausen die Störche. Den Steinböcken gehören die hohen Berge, in den Felsen finden die Klippdachse Zuflucht. Du hast den Mond gemacht, um die Zeit zu messen; die Sonne weiß, wann sie untergehen muß. Schickst du die Dunkelheit, so wird es Nacht, und die Tiere im Dickicht werden lebendig. Die jungen Löwen brüllen nach Beute; sie erwarten von dir, Gott, daß du sie satt machst. Geht dann die Sonne auf, so ziehen sie sich zurück und ruhen sich in ihren Schlupfwinkeln aus. Nun erwacht der Mensch; er geht an seine Arbeit und müht sich, bis es wieder Abend wird. Herr, was für Wunder hast du vollbracht! Alles hast du weise geordnet; die Erde ist voll von deinen Geschöpfen. Da ist das weite, unermeßliche Meer, darin wimmelt es von Lebewesen, von großen und kleinen Tieren. Schiffe ziehen dort ihre Bahn und die gefährlichen Meerungeheuer — du hast sie geschaffen, um damit zu spielen. Alle deine Geschöpfe warten darauf, daß du ihnen Nahrung gibst zur rechten Zeit. Sie nehmen, was du ihnen ausstreust; du öffnest deine Hand, und sie alle werden satt. Doch wenn du dich abwendest, sind sie verstört. Wenn du den Lebenshauch zurücknimmst, kommen sie um und werden zu Staub. Schickst du aufs neue deinen Atem, so entsteht wieder Leben. Du gibst der Erde ein neues Gesicht.

Für immer bleibe die Herrlichkeit des Schöpfers sichtbar; der Herr freue sich an dem, was er geschaffen hat! Er sieht die Erde an, und sie bebt; er berührt die Berge, und sie rauchen. Ich will dem Herrn singen mein Leben lang; meinen Gott will ich preisen, solange ich atme. Ich möchte ihn erfreuen mit meinem Lied, denn ich selber freue mich über ihn. Wer sich gegen den Herrn empört, soll von der Erde verschwinden, es soll keine Unheilstifter mehr geben! Ich will dem Herrn danken! Preist den Herrn! (Gute Nachricht)

Berge überfluteten, dann in die Täler abflossen, die Gott ihnen zugewiesen hatte (Vers 8).

Gottes Fürsorge für Vögel und Tiere (Verse 10-23)

In diesem Teil des Psalms stehen die Verben überwiegend in der Gegenwartsform und erinnern uns daran, daß wir Christen keine Deisten sind. Die Deisten des 19. Jahrhunderts waren überzeugt, daß Gott das Universum wie eine gigantische Spielzeuguhr aufgezogen und in Gang gesetzt habe. Die Bibel jedoch lehrt, daß Gott ein lebendiger Gott ist und pausenlos aktiv ist, um das von ihm Geschaffene zu überwachen und für es zu sorgen. Er versorgt die Tiere auf dem Feld und die Vögel in der Luft (Verse 11, 12). Der Ausdruck „Ökologie" wäre zu grandios und zu wissenschaftlich, um auf diesen Abschnitt angewandt zu werden, trotzdem geht es bei dem, was der Autor hier beschreibt, genau darum. Er ist fasziniert davon, wie Gott die natürlichen Reserven der Erde den Bedürfnissen der Geschöpfe angepaßt hat, und umgekehrt.

Die Ströme, die die Täler durchfließen, bieten den Tieren Wasser (Verse 10,11), während der Regen, den Gott schickt, die Berge bewässert (Vers 13) und die Bäume tränkt (Vers 16). Menschen und Tiere werden mit Nahrung, die die Erde hervorbringt, versorgt. Wein, Öl und Brot werden hier erwähnt (Verse 14,15). Sogar die fleischfressenden Löwen erwarten, wie es hier heißt, ihre Speise von Gott (Vers 21).

Lebendige Geschöpfe brauchen jedoch mehr als Essen und Trinken, sie benötigen auch Schutz, einen Zufluchtsort vor der Gewalt der Elemente und für die Aufzucht ihrer Jungen. Die Vögel, die in den Zweigen singen, bauen dort ihre Nester (Verse 12,17). Die Reiher nisten in den Wipfeln (Vers 17), wogegen die hohen Berge die Zufluchtsorte für den Steinbock und die Felsklüfte für den Klippdachs sind. Weitere Sicherheit bietet der Schutz der Dunkelheit, unter dem sich alle Tiere des Waldes bewegen. Wenn die Sonne aufgeht, ziehen sie sich in ihre Schlupfwinkel zurück. Die Menschen dagegen stehen auf und gehen an die Arbeit; sie arbeiten am Tag und schlafen nachts (Verse 19-23).

Gottes Schöpfung und sein Erhalten alles Geschaffenen (Verse 24-30)

Der Psalmist unterbricht seine Beschreibung durch einen Lobruf (Vers 24). Erde und Meer wimmeln von Kreaturen, kleinen und großen Lebewesen (Vers 25). Das Meer ist auch der Ort der Schiffe und der Spielplatz des Leviathan. (Vers 26). Letzterer ist offenbar ein großes Meerestier. Einige Ausleger meinen, es sei der Wal gemeint, andere denken, es sei der Tümmler; in Hiob 41 ist es wahrscheinlich das Krokodil. Was auch immer der Leviathan sein mag, im Talmud wird Gott als der dargestellt, der mit ihm spielt.

Da Gott all diese Geschöpfe in seiner Weisheit gemacht hat, sorgt er auch für sie. Sie alle warten auf ihn (Vers 27). Sie hängen im Hinblick auf ihre Nahrung und ihren Lebensodem von ihm ab. Nicht daß sie untätig wären, wenn es um die Futtersuche geht. Sie suchen sich ihre Nahrung, aber Gott gibt sie ihnen. Diese Wahrheit wird durch einen Anthropomorphismus unterstrichen, der von Gottes Hand und Gesicht spricht (Verse 28,29). So wie Kinder im Zoo oder auf einem Bauernhof irgendeinem Tier auf der ausgestreckten Hand etwas zu fressen anbieten, so öffnet Gott seine Hand, damit seine Geschöpfe mit Gutem gesättigt werden. Wenn er sich jedoch von ihnen abwendet und sein Gesicht vor ihnen verbirgt, sind sie entsetzt. Wenn er ihnen den Lebensatem nimmt, sterben sie und werden wieder zu Staub. Wenn er andererseits seinen Geist (oder Odem) sendet, werden sie nicht nur geschaffen, sondern auch beständig erneuert.

Nahrung und Leben sind die Grundnotwendigkeiten alles Geschaffenen, und ihr Vorhandensein wird hier der geöffneten Hand Gottes und dem von ihm gegebenen Lebensodem zugeschrieben. Fehlen sie, so liegt das daran, daß er sein Angesicht verborgen hat. Für moderne Ohren klingt das alles ziemlich naiv. Wer kann im Zeitalter der Wissenschaft und Technologie so etwas glauben? Wir haben schon angemerkt, daß die beschreibenden Abschnitte bildlich gemeint sind, sowohl wenn poetische wie auch anthropomorphische Sprache in ihnen verwendet wird.

Die Wahrheit, die hinter dem Bildhaften steht, ist unwandelbar fest. Gott ist der Schöpfer und der Herr seiner Schöpfung. Er hat seinen

Thron nicht verlassen. Er regiert das, was er geschaffen hat. Kein Christ kann eine mechanistische Anschauung im Hinblick auf die Natur haben. Das Universum ist keine Maschine, die nach unabänderlichen Gesetzen läuft, noch hat Gott Gesetze gemacht, denen er selbst nun versklavt sei. Der Ausdruck „Naturgesetze" ist lediglich angebracht, um die Beständigkeit in Gottes Werken zu beschreiben. Gott lebt und ist in seinem Universum aktiv, und wir hängen im Hinblick auf unser Leben, unseren Atem und alles andere von ihm ab (Apostelgeschichte 17,25). Es ist unser Recht, ihm nicht nur für unsere Erschaffung zu danken, sondern auch für unsere Erhaltung.

Abschließend gibt der Psalmist seinem innigen Wunsch Ausdruck, daß Gottes Herrlichkeit (wie sie an seinen Werken abzulesen ist) ewig bestehen möge, und daß Gott weiterhin Freude an seinen Werken haben möge, wie er das am Anfang hatte, als sie aus seiner Hand hervorgingen (Vers 31, vgl. 1. Mose 1,31), damit er nicht statt mit Wohlwollen auf die Erde zu schauen diese richte (Vers 32). Der Psalmist entschließt sich persönlich dazu, Gott sein ganzes Leben lang zu loben und hofft, daß dieser Psalm, sein Nachdenken über die Werke Gottes, ihm gefallen möge (Verse 33,34). Trotzdem erkennt er, daß es Sünder und Gottlose gibt, die Gott nicht als ihren Schöpfer und Erhalter ehren (Vers 35). Sie ehren nicht den Gott, in dessen Hand ihr Lebensodem ist (Daniel 5,23). Der ernstliche Wunsch des Psalmisten ist, daß es solchen Sündern nicht länger gestattet werden möge, Gottes Welt zu entstellen.

Die Stadt Jerusalem vom Ölberg aus gesehen. Jüdische Pilger, die zu den Festen zogen, hatten diesen ersten Blick auf die Stadt, wenn sie den Gipfel des Hügels erreichten.

Psalm 121

Der Herr ist unser Beschützer

Die fünfzehn Psalmen von Psalm 120 bis 134 einschließlich bilden eine gesonderte Gruppe. Es mag eine Zeit gegeben haben, wo sie wahrscheinlich eine gesonderte Sammlung gewesen sind. Jeder von ihnen ist mit „Wallfahrtslied" bzw. „Stufengesang" überschrieben. Die wahrscheinlichste Bedeutung dieses Ausdrucks ist, daß diese Psalmen von Pilgergruppen, die zu den drei jährlichen Festen kamen, während ihres Weges nach Jerusalem hinauf gesungen wurden. Jeder dieser Psalmen ist also ein Wallfahrtslied. Sie sind kurz, und die meisten von ihnen spiegeln eine große Liebe zu Zion und dem Tempel wider, dazu den sehnlichen Wunsch nach Frieden und Wohlstand für Jerusalem. Diese kleinen Psalmen atmen alle einen Geist ruhigen, ungetrübten Glaubens an den Gott Israels, den Schöpfer des Himmels und der Erde (Psalm 121,2; 124,7; 134,4).

Ein Wallfahrtslied.
Ich hebe meine Augen auf zu den Bergen. Woher kommt mir Hilfe? Meine Hilfe kommt vom Herrn, der Himmel und Erde gemacht hat. Er wird deinen Fuß nicht gleiten lassen, und der dich behütet, schläft nicht.

Siehe, der Hüter Israels schläft und schlummert nicht.
Der Herr behütet dich; der Herr ist dein Schatten über deiner rechten Hand,
daß dich des Tages die Sonne nicht steche noch der Mond des Nachts.

Der Herr behüte dich vor allem Übel, er behüte deine Seele. Der Herr behüte deinen Ausgang und Eingang von nun an bis in Ewigkeit.
(Luther)

Psalm 121 ist ein sehr passendes Lied für Pilger, während sie sich den Hügeln näherten, die Jerusalem umgeben.

In den ersten beiden Versen spricht der Psalmist in der ersten Person Singular: ich. Auf seine Frage nach der Quelle seiner Hilfe, die in Vers 1 steht, erhält er die Antwort: „Meine Hilfe kommt von dem Herrn, der Himmel und Erde gemacht hat" (Vers 2). Dieser Satz enthält eine bemerkenswerte Ideenkombination, nämlich, daß Jahwe, der Gott des Bundes mit Israel, der Schöpfer des Universums ist. In Vers 4 wird er weiter als der Hüter Israels beschrieben, der nicht schläft noch schlummert. Dies ist der Grund, weshalb der Autor davon überzeugt ist, daß Gott in der Lage ist, Hüter zu sein, nämlich durch seine allmächtige Kraft als Schöpfer der Welt und als ständig wachender Hüter Israels. Aus der englischen Bibelübersetzung, die die Ausdrücke „keep" und „watch over" benutzt, geht nicht hervor, daß im hebräischen Urtext sechsmal das gleiche Wort steht (Vers 3,4,5, zweimal in Vers 7 und in Vers 8). Derjenige, der der Hüter Israels ist, ist auch der Hüter jedes einzelnen Israeliten (Verse 4,5). Er wird ihn vor allem Schaden bewahren, über seinem Leben wachen, über seinem Kommen und Gehen immerdar (Verse 7,8).

Psalm 122

Der Frieden Jerusalems

Dieser Psalm ist offensichtlicher als alle anderen ein Wallfahrtslied bzw. Stufengesang, ein Lied von Pilgern, die zu einem der Feste nach Jerusalem hinaufziehen.

Die ersten Verse drücken die freudige Erregung aus, die der Psalmist fühlte, als er eingeladen wurde, an einer Pilgerfahrt teilzunehmen. In Vers 2 haben er und die übrigen Pilger schon ihr Ziel erreicht. Verschiedene Gedanken bestürmen ihn, während er sich umschaut. Er bemerkt, wie Jerusalem als eine Stadt der Zusammenkunft gebaut ist (Vers 3). Er erinnert sich auch an Gottes Vorschrift, daß die Stämme Jerusalem nach dem Gesetz zu den jährlichen Festen besuchen sollten, wobei er zweifellos auf 2. Mose 23,17 Bezug nimmt. Er erinnert daran, daß Jerusalem das Zentrum des religiösen und politischen Lebens der Nation ist, wo die Leute entweder Gott loben oder Gericht halten können, wenn Streitigkeiten oder Rechtsfälle zu klären sind (Vers 4,5).

Nach seiner Meditation ruft der Psalmist zum Gebet für den Frieden Jerusalems auf und spricht ihnen ein Gebet vor, das dazu geeignet ist (Vers 6,7). Nachdem er andere zum Gebet aufgerufen hat, betet er selbst. Um seiner Mitpilger willen und um des Hauses des Herrn willen (das vor allem Jerusalem kostbar macht) sucht er das Wohl dieser Stadt (Verse 8,9).

Von David, ein Wallfahrtslied.
Ich freute mich über die, die
mir sagten: Lasset uns ziehen
zum Hause des Herrn!
Nun stehen unsre Füße in
deinen Toren, Jerusalem.
Jerusalem ist gebaut als eine
Stadt, in der man
zusammenkommen soll,
wohin die Stämme
hinaufziehen, die Stämme des
Herrn, wie es geboten ist
dem Volke Israel, zu preisen
den Namen des Herrn.
Denn dort stehen die Throne
zum Gericht, die Throne des
Hauses David.

Wünschet Jerusalem Glück!
Es möge wohlgehen denen,
die dich lieben!
Es möge Friede sein in deinen
Mauern und Glück in deinen
Palästen!
Um meiner Brüder und
Freunde willen will ich dir
Frieden wünschen.
Um des Hauses des Herrn
willen, unsres Gottes, will ich
dein Bestes suchen. (Luther)

Der schneebedeckte Gipfel des Hermon-Berges im fernen Norden Israels.

Psalm 123

Worauf der Glaube sein Auge richtet

Der Hintergrund dieses Psalms ist der verächtliche Widerstand der Stolzen und Überheblichen (Vers 4). Wir können nur raten, auf wen sich der Autor hier bezieht. Es mag irgendein Feind Israels gewesen sein. Zweifellos passen diese Verse auf Sanballat den Horoniter, Tobias den Ammoniter und Gesem den Araber, die die Juden verachteten und verspotteten, als diese den Entschluß faßten, die Stadtmauer wieder aufzubauen.

Der Eröffnungsvers zeigt ein schönes Bild ruhigen, geduldigen Vertrauens auf Gott, der im Himmel thront (Vers 1). Wie die Augen des Dieners auf die Hände seines Herrn gerichtet sind, und die der Magd auf die Hände ihrer Herrin, so schauen unsere Augen auf den Herrn, unsern Gott (Vers 2). Dieser Blick der Augen auf die Hände beschreibt, der Analogie zufolge, nicht das Warten auf Anweisungen, sondern auf Versorgung. Er steht für Abhängigkeit, nicht für Gehorsam.

Nachdem er erklärt hat, daß er geduldig auf Gottes Barmherzigkeit wartet, bittet der Psalmist nun darum. Sein Gebet ist nicht persönlicher Natur, er identifiziert sich mit dem Volk: „Allzusehr litt unsere Seele den Spott der Stolzen und die Verachtung der Hoffärtigen."

Ein Wallfahrtslied.

Ich hebe meine Augen auf zu dir, der du im Himmel wohnest.

Siehe, wie die Augen der Knechte auf die Hände ihrer Herren sehen, wie die Augen der Magd auf die Hände ihrer Frau, so sehen unsre Augen auf den Herrn, unsern Gott, bis er uns gnädig werde.

Sei uns gnädig, Herr, sei uns gnädig; denn allzusehr litten wir Verachtung.

Allzusehr litt unsere Seele den Spott der Stolzen und die Verachtung der Hoffärtigen. (Luther)

Gegenüberliegende Seite:
Das griechisch-orthodoxe Kloster, das in den Hang des Berges der Versuchung bei Jericho gebaut worden ist. Der Überlieferung nach war es hier, wo Jesus von Satan versucht wurde.

Psalm 125

Die Berge, die den Berg Zion umgeben

Palästina besteht größtenteils aus Gebirgsland, und Berge haben in der Geschichte Israels eine wichtige Rolle gespielt. Die Pilger, die sich Jerusalem näherten, besangen sie natürlich auch (vgl. auch Psalm 121,1).

Zwei Sprachfiguren werden miteinander verbunden. Zunächst wird von den Gläubigen ausgesagt, daß sie wie der Berg Zion sind, daß sie fest stehen. Zweitens ähneln sie Jerusalem, das von Bergen umgeben ist, weil sie ständig vom Schutz des Herrn umgeben sind. So sind Gottes Leute wie ein Berg, umgeben von Bergen, unbeweglich und uneinnehmbar (Verse 1,2).

Nun werden die Sprachfiguren angewandt. Gott wird es dem Zepter der Bösen nicht gestatten (das mag sich auf die Machenschaften der von Persien beherrschten Samariter beziehen), in dem Land zu regieren, das er den Gerechten zugesprochen hat (Vers 3), es sei denn, daß die Gerechten Böses tun. Dagegen betet der Psalmist zuversichtlich, daß Gott denen, die gut sind, Gutes tun wird, die Übeltäter jedoch wird er fortjagen.

Ein Wallfahrtslied.

Die auf den Herrn hoffen, werden nicht fallen, sondern ewig bleiben wie der Berg Zion.

Wie um Jerusalem Berge sind, so ist der Herr um sein Volk her von nun an bis in Ewigkeit.

Denn der Gottlosen Zepter wird nicht bleiben über dem Erbteil der Gerechten, damit die Gerechten ihre Hand nicht ausstrecken zur Ungerechtigkeit.

Herr, tu wohl den Guten und denen, die frommen Herzens sind.

Die aber abweichen auf ihre krummen Wege, wird der Herr dahinfahren lassen mit den Übeltätern. Friede sei über Israel!
(Luther)

Ein orthodoxer Rabbi
leitet eine Gruppe kleiner
jüdischer Kinder über den
Tempelplatz vor der
Westmauer in Jerusalem.

Psalm 127

Die Nichtigkeit ungesegneter Arbeit

Es ist unnütz, ein neues Unternehmen zu gründen, oder zu versuchen, ein altes zu bewahren, es sei denn, der Herr segnet diese Arbeit (Vers 1). Die Arbeit des Hauserbauers ist vergeblich, es sei denn, der Herr tut sie, und das Wachen des Stadtwächters ist unnütz, es sei denn, der Herr tut es. Wir mögen arbeiten und uns überarbeiten, früh aufstehen und spät zu Bett gehen, und doch ist es so, daß der Herr es seinen Freunden im Schlaf gibt (Vers 2), oder seinen Freunden Schlaf gibt. Dies ist natürlich keine Verurteilung von Fleiß, ebensowenig wie Matthäus 6, 24-34 ein Verbot vernünftiger Vorsorge ist. Was verurteilt wird, ist einerseits das Sorgen, und andererseits die fieberhaft auf das eigene Ich vertrauende Aktivität. Beide sind Symptome des Unglaubens.

Kinder müssen als Erbe vom Herrn angesehen werden (Vers 3). Sie sind eine der kostbarsten Gaben Gottes. Söhne, die einem in der Jugend geboren werden, sind wie Pfeile (Vers 4), denn wenn die Zeit kommt, in der ihr kämpferischer Vater alt ist, werden sie alt genug sein, ihn zu verteidigen und zu schützen. Darüber hinaus wird er sich im Tor durchsetzen können, wenn sein Köcher voll von ihnen ist, d. h. er wird sich auf dem Platz am Stadttor durchsetzen können, wo Geschäfte abgeschlossen und Rechtsstreitigkeiten geschlichtet werden.

> Von Salomo, ein Wallfahrtslied. Wenn der Herr nicht das Haus baut, so arbeiten umsonst, die daran bauen. Wenn der Herr nicht die Stadt behütet, so wacht der Wächter umsonst. Es ist umsonst, daß ihr früh aufsteht und hernach lange sitzet und esset euer Brot mit Sorgen; denn seinen Freunden gibt er es im Schlaf.
>
> Siehe, Kinder sind eine Gabe des Herrn, und Leibesfrucht ist ein Geschenk. Wie Pfeile in der Hand eines Starken, so sind die Söhne der Jugendzeit. Wohl dem, der seinen Köcher mit ihnen gefüllt hat! Sie werden nicht zuschanden, wenn sie mit ihren Feinden verhandeln im Tor. (Luther)

Gegenüberliegende Seite:
Ein aus Steinen errichteter
Wachturm auf einem Feld
in der West Bank, nahe
bei Samaria. Bauern
verbrachten die Nächte
während der Ernte in
solchen Wachtürmen, um
die Erträge ihrer Felder
vor Dieben zu schützen.

Psalm 130

Aus den Tiefen

Die Tatsache, daß der Autor Vergebung erfahren hat, führt ihn dazu, Israel zu drängen, im Hinblick auf die Erlösung Gott zu vertrauen.

Der Psalmist beschreibt sich selbst als in tiefen Wassern treibend. Aus der Tiefe wendet er sich an Gott und bittet ihn um Rettung (Verse 1,2). Diese tiefen Wasser sind ein Bild seiner Sünde und Schuld und des Wissens um das Gericht Gottes — in seinem eigenen Leben und vielleicht auch im Leben seines Volkes, mit dem er sich identifiziert (vgl. Nehemia 1,4-7). Der Autor weiß, daß, wenn Gott ein Sündenregister führte und seine Sünden dort aufgezeichnet und ihm angelastet würden, daß weder er noch sonst jemand vor Gott bestehen könnte (Vers 3). Sofort fügt er jedoch hinzu: „Denn bei dir ist die Vergebung, daß man dich fürchte" (Vers 4).

Es war dieses Angebot der Vergebung aus Gnade, ohne Werke, das Luther dazu brachte, dieses Bußlied einen der „Paulinischen Psalmen" zu nennen. Der Vers 4 tröstete auch John Bunyan, den Autor von „Pilgerreise", als er der Sünde überführt war. Er enthält eine wunderbare Ausgewogenheit, denn sein erster Teil bringt dem Verzweifelnden Gewißheit, während sein zweiter Teil eine Warnung an den Selbstsicheren richtet. Gottes Vergebung ist nicht dazu da, Sünder zum Sündigen zu ermutigen, sondern um die Furcht des Herrn zu fördern, d. h. anbetende Ehrfurcht in seiner Gegenwart, die Männer und Frauen dazu bringt, von Bosheit Abstand zu nehmen (vgl. Sprüche 16,6).

Im Vertrauen auf die vergebende Barmherzigkeit Gottes den Sündern gegenüber, tut der Autor nun zweierlei. Zuerst beteuert er seinen eigenen Entschluß, Gott im Hinblick darauf zu vertrauen. Der Grund seines Glaubens ist Gottes Verheißung (Vers 5). So zur Gewißheit geführt, wartet seine Seele auf den Herrn (Vers 6). Sein schuldbeladenes Gewissen hat ihn in die Dunkelheit geführt, aber er sehnt sich danach und verlangt danach, die Dämmerung der vergebenden Gnade Gottes zu sehen. Zweitens drängt er Israel dazu, das gleiche zu tun. Seine Überzeugung im Hinblick auf die Vergebung, die er selbst erfahren hat (Vers 4) bringt ihn dazu, festzustellen, daß der Herr in seiner unwandelbaren Liebe auch Israels Sünden vergeben wird (Vers 7).

Ein Wallfahrtslied.
Aus der Tiefe rufe ich, Herr, zu dir.
Herr, höre meine Stimme!
Laß deine Ohren merken auf die Stimme meines Flehens!
Wenn du, Herr, Sünden anrechnen willst — Herr, wer wird bestehen?

Denn bei dir ist die Vergebung, daß man dich fürchte.
Ich harre des Herrn, meine Seele harret, und ich hoffe auf sein Wort.
Meine Seele wartet auf den Herrn mehr als die Wächter auf den Morgen; mehr als

die Wächter auf den Morgen hoffe Israel auf den Herrn.
Denn bei dem Herrn ist die Gnade und viel Erlösung bei ihm.
Und er wird Israel erlösen aus allen seinen Sünden.

(Luther)

Ein kleiner Araberjunge
in Bethlehem. Dieser
Psalm spricht von der
kindlichen Demut, die
Gott von uns erwartet.

Psalm 131

Kindliche Demut

Diese Worte, die das Bild eines Kleinkindes zeichnen, das mit der Abhängigkeit von seiner Mutter zufrieden ist, scheinen zu bestätigen, wie wichtig Gott unsere kindliche Demut ist.

Der Psalmist stellt das, was er nicht ist, dem gegenüber, was er ist. Er sagt, daß er nicht stolz und nicht überheblich ist, daß er nicht mit Dingen umgeht, die ihm zu groß sind (Vers 1). Das bedeutet, daß er stolzes, ehrgeiziges Streben nach Prestige und Macht abgelegt hat, entweder im persönlichen Leben, oder im Blick auf Israel nach dessen Wiederherstellung, wobei es noch unter ein fremdes Joch gedemütigt lebt. Vielmehr ist er gewillt, wie ein entwöhntes Kind zu sein, das nicht mehr schreit, bis es gestillt wird und sich trotzdem zufrieden an die Brust seiner Mutter lehnt (Vers 2). Der mit diesem Bild beschriebene Zustand scheint der einer Person (oder Nation) zu sein, die von überheblichem Ehrgeiz entwöhnt worden ist und völlige Zufriedenheit in Gott gefunden hat. Es ist ein wunderschönes Bild, nicht nur des demütigen Glaubens, sondern auch dessen, was man mit „Mutterschaft Gottes" bezeichnen könnte.

Wie in Psalm 130 hinterläßt der Psalmist die Beschreibung der Lektion, die er gelernt hat, und drängt Israel dazu, sie ebenfalls zu lernen. „Israel, hoffe auf den Herrn von nun an bis in Ewigkeit" (Vers 3).

Von David, ein Wallfahrtslied.
Herr, mein Herz ist nicht hoffärtig,
und meine Augen sind nicht stolz.
Ich gehe nicht um mit großen
Dingen, die mir zu wunderbar
sind.
Fürwahr, meine Seele ist still und
ruhig geworden wie ein kleines
Kind bei seiner Mutter; wie ein
kleines Kind, so ist meine Seele in
mir.
Israel hoffe auf den Herrn von nun
an bis in Ewigkeit. (Luther)

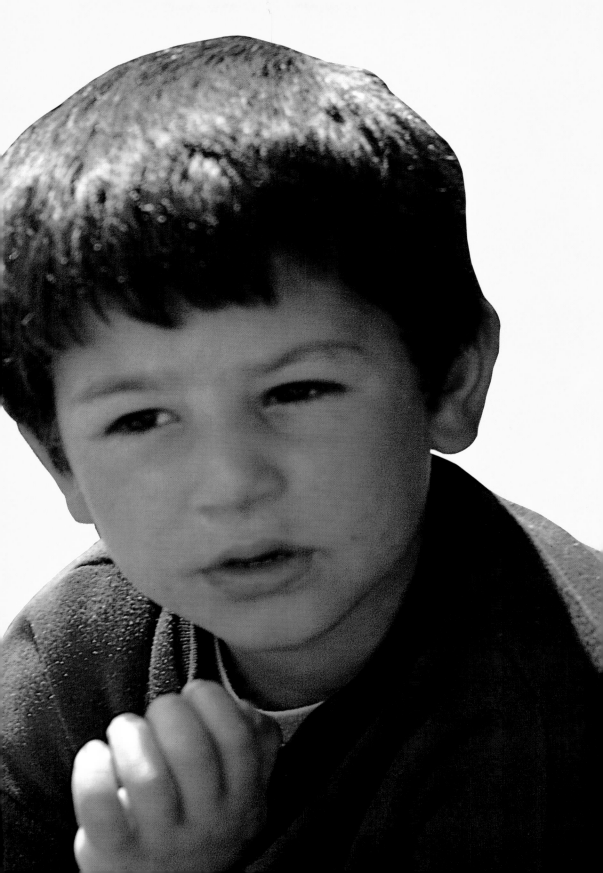

Psalm 133

Das Zusammenleben der Brüder in Einheit

Die Einheit des Volkes Gottes ist immer nach dem Willen Gottes gewesen und auch der Wunsch des Volkes Gottes. Wenn dieser Psalm nach dem Exil geschrieben worden ist, könnte es sein, daß er die Freude und Solidarität der Pilger beschreibt, die zur Anbetung in Jerusalem zusammengekommen sind, als die Wunde des geteilten Königreichs schon verheilt war.

Das Bundesvolk Gottes besteht schon aus Brüdern; aber es ist fein und lieblich, wenn sie in Eintracht zusammenleben (Vers 1). Die Lieblichkeit der Einheit wird nun lebhaft illustriert. Sie ist wie das Weiheöl, das den Bart Aarons hinunterfließt bis zum Saum seines Gewandes (von seinem Kopf aus, über den es ausgeschüttet worden war), und wie der Tau des Hermon, ein Ausdruck, der für schwere Tautropfen steht (Verse 2,3).

Uns wird nicht gesagt, weshalb die Einheit des Volkes Gottes so wie das Weiheöl auf dem Haupt Aarons und wie der Tau des Hermon ist. Einige Kommentatoren haben betont, daß von beiden gesagt wird, daß sie herabfließen, und daß die Bedeutung der allumfassende Einfluß wahrer brüderlicher Einheit ist, der den ganzen Leib heiligt. Gleichzeitig, da man für die Weihe aromatisiertes Öl benutzt haben wird, und der Tau für die Fruchtbarkeit des trockenen Palästina wichtig war, stehen diese Wortbilder sicherlich auch dafür, daß die Einheit so wohlriechend wie Duftöl und so erfrischend wie Tau in Jerusalem ist. Dort verheißt der Herr Segen und Leben in Ewigkeit (Vers 3).

Von David. Ein Wallfahrtslied.

Siehe, wie fein und lieblich ist's,
wenn Brüder einträchtig
beieinander wohnen!

Es ist wie das feine Salböl auf dem
Haupte Aarons, das herabfließt in
seinen Bart, das herabfließt zum
Saum seines Kleides,

wie der Tau, der vom Hermon
herabfällt auf die Berge Zions!
Denn dort verheißt der Herr Segen
und Leben bis in Ewigkeit.

(Luther)

Sonnenuntergang über dem See Genezareth. „So wäre auch Finsternis nicht finster bei dir, und die Nacht leuchtete wie der Tag. Finsternis ist wie das Licht."

Psalm 139

Das Auge Gottes sieht alles

Dieser Psalm ist „die Krone der Psalmen" genannt worden. Ohne Zweifel ist er ein erhabener Ausdruck des persönlichen Bewußtseins des Menschen im Hinblick auf Gottes universales Wissen und seine Allgegenwart. Am bekanntesten sind seine Verse sechs bis elf, die beschreiben, wie unmöglich es ist, vor Gott zu fliehen.

Gottes Allwissenheit (Verse 1-6)

Die Verben zeichnen hier ein Bild davon, wie allumfassend Gott die Menschen kennt. Er erforscht, kennt und sieht, nimmt wahr und merkt, ist vertraut mit allem, was uns betrifft (Verse 1-3). Das göttliche Wissen umschließt unsere Gedanken, Taten und Worte. Zunächst kennt Gott unsere Gedanken von ferne (Vers 2). „Für Gott existiert weder Raum noch Zeit" (Bischof Perowne); alle menschlichen Gedanken liegen vor ihm offen. Als nächstes kennt Gott alle meine Wege, sowohl die Aktivitäten des Tages wie auch meine Ruhe in der Nacht (Verse 2,3). Drittens weiß Gott alle Worte, die auf unserer Zunge sind, noch bevor sie ausgesprochen werden (Vers 4).

Ein Psalm Davids, vorzusingen.

Herr, du erforschest mich und kennest mich.
Ich sitze oder stehe auf, so weißt du es; du verstehst meine Gedanken von ferne.
Ich gehe oder liege, so bist du um mich und siehst alle meine Wege.
Denn siehe, es ist kein Wort auf meiner Zunge, das du, Herr, nicht schon wüßtest.
Von allen Seiten umgibst du mich und hältst deine Hand über mir.
Diese Erkenntnis ist mir zu wunderbar und zu hoch, ich kann sie nicht begreifen.
Wohin soll ich gehen vor deinem Geist, und wohin soll ich fliehen vor deinem Angesicht?
Führe ich gen Himmel, so bist du da; bettete ich mich bei den Toten, siehe, so bist du auch da.
Nähme ich Flügel der Morgenröte und bliebe am äußersten Meer,
so würde auch dort deine Hand mich führen und deine Rechte mich halten.
Spräche ich: Finsternis möge mich decken und Nacht statt Licht um mich sein,
so wäre auch Finsternis nicht finster bei dir, und die Nacht leuchtete wie der Tag. Finsternis ist wie das Licht.
Denn du hast meine Nieren bereitet und hast mich gebildet im Mutterleibe.
Ich danke dir dafür, daß ich wunderbar gemacht bin; wunderbar sind deine Werke; das erkennt meine Seele.
Es war dir mein Gebein nicht verborgen, als ich im Verborgenen gemacht wurde, als ich gebildet wurde unten in der Erde.
Deine Augen sahen mich, als ich noch nicht bereitet war, und alle Tage waren in dein Buch geschrieben, die noch werden sollten und von denen keiner da war.
Aber wie schwer sind für mich, Gott, deine Gedanken! Wie ist ihre Summe so groß!
Wollte ich sie zählen, so wären sie mehr als der Sand: Am Ende bin ich noch immer bei dir.
Ach Gott, wolltest du doch die Gottlosen töten! Daß doch die Blutgierigen von mir wichen!
Denn sie reden von dir lästerlich, und deine Feinde erheben sich mit frechem Mut.
Sollte ich nicht hassen, Herr, die dich hassen, und verabscheuen, die sich gegen dich erheben?
Ich hasse sie mit ganzem Ernst; sie sind mir zu Feinden geworden.
Erforsche mich, Gott, und erkenne mein Herz; prüfe mich und erkenne, wie ich's meine.
Und sieh, ob ich auf bösem Wege bin, und leite mich auf ewigem Wege. (Luther)

In Vers 5 beginnt der Psalmist, auf das Thema des nächsten Abschnitts überzuleiten und schreibt Gottes Wissen um ihn seiner ihn ständig umgebenden Gegenwart zu. Er schildert sich selbst mit dem Bild einer belagerten Stadt. Die ihn umgebende Gegenwart Gottes erfüllt ihn jedoch nicht mit Furcht, sondern mit Erstaunen, und so bricht er in Lobpreis über Gottes erstaunliches und unvergleichliches Wissen aus (Vers 6).

Gottes Allgegenwart (Verse 7-12)

Dieser Abschnitt beginnt mit einer Frage: „Wohin soll ich gehen vor deinem Geist?" (Vers 7). Es ist wichtig, zu beachten, daß diese Frage nicht den Wunsch nach Flucht ausdrückt, sondern das freudige Erstaunen darüber, daß diese unmöglich ist, weil Gottes Hand überall gegenwärtig ist, um zu führen und zu halten (Vers 10). Um die Unmöglichkeit der Flucht vor Gott zu betonen, erwähnt er drei vorstellbare Fluchtwege oder Verstecke und erklärt, daß selbst dort Gott gegenwärtig ist. Wollte er also zum Himmel hinaufsteigen, oder ins Totenreich hinuntergehen, Gott ist dort gegenwärtig (Vers 8). Sollte er mit den Flügeln der Morgenröte — das ist eine wunderbare Sprachfigur — mit Lichtgeschwindigkeit fliehen und ans äußerste Meer gelangen, selbst dort würde er auf Gott treffen. Keine Entfernung, selbst die, die zwischen dem äußersten Osten und dem äußersten Westen liegt, kann ihn von Gott trennen (Verse 9,10). Wenn er sich im Dunkel vor Gott zu verstecken versuchte, so würde er bemerken, daß Gottes Augen selbst die Dunkelheit durchdringen, denn Finsternis ist wie Licht für ihn (Vers 11,12).

Die Allmacht Gottes (Verse 13-18)

Gottes Allwissen, das im vorhergehenden Abschnitt seiner Allgegenwart zugeschrieben worden ist, wird nun seiner Allmacht zugeordnet. Gott kann die Menschen nicht nur deshalb erforschen, weil er sie sieht, sondern weil er sie gemacht hat. Der Schöpfer kennt seine Geschöpfe durch und durch. Der Psalmist schreibt die wunderbare Entwicklung des Embryos im Mutterleib der schöpferischen Macht Gottes zu. Sein innerstes Wesen und sein Körper sind durch Gott (Verse 13,15). Miteinander machen sie das menschliche Wesen aus, Leib und Seele, Gefühle und Willen. Der Satz in Vers 14: „Ich danke dir dafür, daß ich wunderbar gemacht bin" wurde im Englischen ursprünglich so von dem Übersetzer Miles Coverdale übersetzt, könnte aber falsch übersetzt sein. Andere moderne Übersetzungen geben ihn wie folgt wieder: „Denn du bist zu fürchten und wunderbar." Dieser wunderbare Schöpfergott sah natürlich den werdenden Leib des Schreibers, als er diesen ins Leben rief (Vers 16). Darüber hinaus, noch bevor dieser geboren worden war, waren schon alle seine Lebenstage geplant und in Gottes Buch verzeichnet (Verse 15,16). Solch göttliches Wissen und Vorherwissen bringen den Psalmisten zum Loben. Er nennt die Gedanken Gottes kostbar und groß, zahlreicher als den Sand am Ufer des Meeres (Verse 17,18).

Er beendet den Abschnitt mit einer Aussage, deren Bedeutung unklar ist: „Am Ende bin ich noch immer bei dir" (andere Übersetzungen: „Wenn ich erwache, bin ich noch immer bei dir", Vers 18). Einige Ausleger vermuten, daß er sich wiederum, wie in den ersten beiden Versen, auf Gottes beständige Gegenwart bezieht, die bei ihm ist, ganz gleich, ob er wach ist oder schläft. Andere meinen, daß er sich auf das Erwachen aus dem Schlaf des Todes bezieht.

Gottes Gericht (Vers 19-24).

„Ach Gott, wolltest du doch die Gottlosen töten!" (Vers 19). Viele Christen, die das lesen, empfinden dieses spontane Gebet als einen störenden Ton nach dem, was vorausgegangen ist. Trotzdem harmoniert es völlig damit. Wenn die Welt eines Menschen mit Gott erfüllt ist, sehnt er sich nach der Auslöschung des Bösen. Die hier erwähnten Übeltäter werden als blutdürstig (Vers 19) beschrieben und als solche, die den Namen Gottes unnütz führen oder sich selbst gegen seine Autorität überheben. Das bedeutet: sie lehnen sich gegen Gott und ihre Mitmenschen auf. In blanker Rebellion gegen die beiden größten Gebote Gottes, nämlich ihn zu lieben und den Nächsten wie sich selbst, schrecken sie nicht einmal davor zurück, Blut zu vergießen (Gewalt oder Mord auszuüben), noch davor, Gott zu lästern.

Dies ist also der erste Punkt, den man sich merken sollte. Der Psalmist drückt keine persönlichen Feindschafts- oder Rachegefühle aus. Er ist dazu gekommen, Gottes Feinde (Vers 20) auch als seine Feinde zu betrachten (Vers 22). Er ist zu recht erzürnt, wo wir unrechtmäßig tolerant sein würden. In ihm brennt ein göttlicher Haß gegen die Sünde.

Es kann jedoch gesagt werden, daß dieser Mann es unterlassen hat, zwischen dem Bösen und dem, der es tut, zu unterscheiden. Sollte er (und wir mit ihm) nicht lernen, den Sünder zu lieben und die Sünde zu hassen? Natürlich ist da etwas Wahres dran. Trotzdem kann das überzogen sein, denn das Böse ist nichts Abstraktes; es existiert in den Herzen der Gottlosen und kommt in ihrer Lebensweise zum Ausdruck. Wenn also das Gericht Gottes ergeht, wird es die Übeltäter treffen, nicht das Böse als abstrakte Größe.

Man kann weiter den Einwand erheben, ob wir denn, solange Hoffnung besteht, nicht das Gericht über die Sünder, sondern deren Errettung wünschen sollten. Ja, in der Tat. Was aber, wenn die Sünder es ablehnen, umzukehren? Wir können nicht ihr Heil wünschen, wenn sie sich weigern, es anzunehmen. Dies ist der Kernpunkt dieser Angelegenheit. Die Bibel lehrt, daß der Sünder gleichzeitig Gegenstand der Liebe und des Zorns Gottes ist (vgl. Johannes 3,16.36). Und wir sollten durch die Gnade versuchen, uns dieser Haltung Gottes zumindest anzunähern. Wir sollten allen Ernstes die Errettung von Sündern wünschen, wenn sie sich erretten lassen, und gleichermaßen ernstlich ihre (und auch unsere eigene) Zerstörung wünschen, wenn sie (oder wir) das nicht tun. Weil wir es schwierig, wenn nicht gar unmöglich finden, solche Gefühle in göttlicher Reinheit ohne Beimischung von persönlicher Feindschaft zu äußern, können wir nicht ohne weiteres diese Worte des Psalmisten nachsprechen. Geben wir aber den Grund zu: es liegt daran, daß wir so wenig über den wirklich gerechten Zorn wissen.

Psalm 145

Lobpreis des Königreichs Gottes

Das „Königreich Gottes" ist die Herrschaft Gottes, sowohl allgemein über das Universum wie auch im besonderen über sein Volk, und diese wird in Psalm 145 besungen. Dieser Psalm ist ein akrostischer Psalm, wobei jeder Vers mit einem anderen Buchstaben des hebräischen Alphabets in der normalen Reihenfolge beginnt, aber sein einziges Thema ist die Herrlichkeit und Pracht der Herrschaft Jahwes. Das Lob, das ihm seine Bürger schulden, ist ewig und vernünftig.

Ewiger Lobpreis (Verse 1-7)

Der Psalm beginnt mit dem Entschluß des Autors, Gott nicht nur jeden Tag zu erheben und zu preisen, sondern immerdar (Vers 1,2). Weil der Herr groß ist, ist er würdig, allen Lobpreis zu empfangen (Vers 3); da niemand seine Größe ausloten kann, muß sein Lob unaufhörlich sein. Kein menschliches Wesen kann jedoch Gott ewig auf Erden loben. Deswegen scheint der Autor als Repräsentant Israels zu sprechen und sich auf die zukünftigen Generationen zu beziehen, von denen jede der nachfolgenden Generation die Werke Gottes bekanntmachen wird, um so für sein beständiges Lob zu sorgen (Vers 4). „Sie sollen reden von deinen mächtigen Taten und erzählen von deiner Herrlichkeit" (Verse 5-7).

Ein Loblied Davids.
Ich will dich erheben, mein Gott, du König, und deinen Namen loben immer und ewiglich.

Ich will dich täglich loben und deinen Namen rühmen immer und ewiglich.

Der Herr ist groß und sehr zu loben, und seine Größe ist unausforschlich.

Kindeskinder werden deine Werke preisen und deine gewaltigen Taten verkündigen.

Sie sollen reden von deiner hohen, herrlichen Pracht und deinen Wundern nachsinnen; sie sollen reden von deinen mächtigen Taten und erzählen von deiner Herrlichkeit; sie sollen preisen deine große Güte und deine Gerechtigkeit rühmen.

Gnädig und barmherzig ist der Herr, geduldig und von großer Güte.

Der Herr ist allen gütig und erbarmt sich aller seiner Werke.

Es sollen dir danken, Herr, alle deine Werke und deine Heiligen dich loben

und die Ehre deines Königtums rühmen und von deiner Macht reden,
daß den Menschen deine gewaltigen Taten kundwerden und die herrliche Pracht deines Königtums.

Dein Reich ist ein ewiges Reich, und deine Herrschaft währet für und für. Der Herr ist getreu in all seine Worten und gnädig in allen seinen Werken.

Der Herr hält alle, die da fallen, und richtet alle auf, die niedergeschlagen sind.

Aller Augen warten auf dich, und du gibst ihnen Speise zur rechten Zeit. Du tust deine Hand auf und sättigst alles, was lebt, nach deinem Wohlgefallen.

Der Herr ist gerecht in allen seinen Wegen und gnädig in allen seinen Werken.

Der Herr ist nahe allen, die ihn anrufen, allen, die ihn ernstlich anrufen.

Er tut, was die Gottesfürchtigen begehren, und hört ihr Schreien und hilft ihnen.

Der Herr behütet alle, die ihn lieben, und wird vertilgen alle Gottlosen.

Mein Mund soll des Herrn Lob verkündigen, und alles Fleisch lobe seinen heiligen Namen immer und ewiglich.

(Luther)

Universales Lob (Verse 8-13)

Das Lob, das Gott gebührt, ist auch universal, d. h. es wird ihm von all seinen Geschöpfen dargebracht. Das ist nur logisch, denn er hat Erbarmen mit allen Werken seiner Hände (Vers 9). Die Ehre, die Menschen Gott darbringen, ist eine Antwort auf die Gnade, die Gott ihnen erwiesen hat. Gott erweist Gnade, weil er gnädig ist. Letzten Endes sind sowohl die ewige Dauer wie auch die Universalität des Lobes auf den gnädigen Charakter Gottes zurückzuführen. Der Vers 8 wiederholt die Selbstoffenbarung Jahwes an Mose, die in 2. Mose 34,6 und, wie schon erwähnt, in Psalm 103, 8 steht. Sein gnädiges und barmherziges Wesen drückt sich selbst in universaler Güte der Menschheit gegenüber aus (Vers 9). Daher soll auch sein Lob universal sein. Menschen besingen die Herrlichkeit, Macht und Ewigkeit seines Königreiches (Verse 11-13). Diese Worte nehmen die Doxologie (den Lobpreis) am Ende des Vaterunsers vorweg: „Denn dein ist das Reich und die Macht und die Herrlichkeit in Ewigkeit. Amen" (Matthäus 6,13).

Vernünftiger Lobpreis (Vers 14-21)

Der Lobpreis, der allezeit zu Gott aufsteigen soll, ist vernünftig, oder wie Jesus es ausdrückte „Anbetung ... in der Wahrheit" (Johannes 4,24). Die einzige Art der Anbetung, die für Gott annehmbar ist, ist die vernünftige Antwort auf seine Selbstoffenbarung. Sie ist eine Anbetung seines Namens (Verse 1,2,21). Sein ewiges Wesen ist uns bekannt gemacht worden in seinen Worten und Werken.

Der Psalmist führt nun einige konkrete Beispiele der gnädigen Taten Gottes an. Sie zeigen, daß seine Herrschaft, obwohl mächtig, nicht willkürlich ist. Im Gegenteil, sein Königreich ist ein wohltätiges Königreich, und sein Thron ein Thron der Gnade. Man beachte, wie er herabsteigt, um alle Bedürfnisse der Seinen zu stillen. Er hält die, die da fallen und richtet sie auf (Vers 14). Er ernährt die Hungrigen und sättigt alles, was lebt, nach seinem Wohlgefallen (Vers 15,16). Er naht sich denen, die ihn anrufen, hört ihre Bitten und beantwortet sie (Verse 18,19). Er beschützt die, die ihn lieben, wird aber die Bösen zerstören (Vers 20).

Es ist beachtenswert, daß in den Versen 19 und 20 von Gottes Volk ausgesagt wird, daß es ihn sowohl fürchtet wie liebt. Ein Kommentator bemerkt dazu: „Furcht und Liebe sind untrennbare Elemente wahren Gottesdienstes. Furcht bewahrt die Liebe davor, in überhebliche Vertraulichkeit abzuleiten; Liebe bewahrt die Furcht davor, knechtisch und beängstigend zu werden."

Der letzte Vers (Vers 21) scheint die drei Kennzeichen des Gotteslobs zusammenzufassen, die in diesem Psalm ausgearbeitet worden sind. Es ist ewig (dauert fort und fort), universal (wird von allen Geschöpfen dargebracht) und vernünftig (preist seinen heiligen Namen).

Psalm 150

Abschließender Lobpreis

Die Doxologie (Lobpreis) des Psalters bildet einen passenden Abschluß. Als Aufruf zur Anbetung ist er von unübertroffener Größe. Gemeinsam mit dem Hallel (Psalm 113-118) und den vier ihm vorausgehenden Psalmen (146-149) beginnt und endet Psalm 150 mit dem Wort „Halleluja", oder „Preist den Herrn". Darüber hinaus ist jeder Vers eine Einladung zum Lob und sagt, wo und weshalb, wie und durch wen das Lob Gottes dargebracht werden soll.

Wo und weshalb (Verse 1,2)
Lobet Gott in seinem Heiligtum. Der Katalog der Musikinstrumente, der folgt, bezieht sich eindeutig auf die Lobpreisung im Tempel. Aber Gott soll auch in „der Feste seiner Macht", in den Himmeln (Vers 1) gelobt werden. So ist dieser Vers wahrscheinlich eine Einladung sowohl an Menschen wie auch an Engel, Gott zu loben — die Menschen im irdischen Heiligtum, und die Engel im Himmel. Er erinnert uns daran, daß das Lob Gottes ein Ganzes ist, wobei die Gemeinde auf Erden in das Lob der Engel und Erzengel und alles himmlischen Volkes miteinstimmt.

Die Gründe, weshalb Gott zu loben ist, sind in seinen Werken zu finden, und in seinem Wesen, in seinem Tun und in seinem Sein (Vers 2). Seine Machttaten werden nicht einzeln aufgezählt, umfassen aber sein Schöpfungswerk, sein Erhalten, Versorgen und die Erlösung. Sie alle sind Ausdruck seiner überragenden Größe. Dies ist das beständige Thema der Anbetung — die Größe Gottes, die in seinen Werken zum Ausdruck kommt.

Halleluja! Lobet Gott in seinem Heiligtum, lobet ihn in der Feste seiner Macht!

Lobet ihn für seine Taten, lobet ihn in seiner großen Herrlichkeit! Lobet ihn mit Posaunen, lobet ihn mit Psalter und Harfen!

Lobet ihn mit Pauken und Reigen, lobet ihn mit Saiten und Pfeifen!

Lobet ihn mit hellen Zimbeln, lobet ihn mit klingenden Zimbeln!

Alles, was Odem hat, lobe den Herrn! Halleluja!

(Luther)

Gegenüberliegende Seite:
Ein jüdischer Religions-
leiter bläst das Schofar,
die alte Trompete aus
Widderhorn, die im alten
Israel geblasen wurde, um
Leute zu militärischen
oder religiösen Anlässen
zusammenzurufen.

Wie und durch wen (Verse 3-6)

Jedes nur denkbare Instrument soll zur Anbetung Jahwes eingesetzt werden: Blas- und Streichinstrumente und Schlagzeug (vgl. Psalm 81,1-3). Zuerst wird die Trompete erwähnt, das alte, gebogene Widderhorn. Dies ist „das einzige Musikinstrument, das heute noch in den Synagogen benutzt wird", schreibt ein Kommentator, „und wer es zu spielen versteht, kann erstaunliche Klänge daraus hervorlocken". Die anderen beiden in Vers 3 erwähnten Instrumente sind Streichinstrumente, Harfe und Psalter. Dann werden Tamburine und Tanz erwähnt (Vers 4), und schließlich Saiten und Pfeifen. Der Vers 5 erwähnt zwei Arten von Zimbeln, wobei die erste Art wahrscheinlich so klein waren wie Kastanetten, die zweite größer und klangstärker.

Das Orchester ist versammelt. Die Anbetenden sollen die Trompete blasen und die Harfe zupfen, die Trommel schlagen, die Saiten zum Klingen bringen und auf Flöten und Zimbeln spielen. „Man kann sagen: das macht Lärm. Musik allein ist nicht genug ... Laßt uns schlagende Zimbeln haben, die nicht nur gut gestimmt, sondern auch laut sind, und laßt uns auch tanzen", schreibt C.S. Lewis. Was hier beschrieben ist, ist das ungehinderte Jauchzen Gott hingegebener Leben.

Trotzdem sind der bloße Instrumentallärm und die Bewegungen des Tanzes vor Gott nicht annehmbar, so schön sie auch sein mögen, wenn sie nicht Ausdruck der Hingebung unserer Herzen und Sinne sind. Der abschließende Vers des Psalms (Vers 6), der alles, was Odem hat, zum Lobpreis Gottes aufruft, mag darauf abzielen, auch die Tierwelt miteinzuschließen. Trotzdem liegt der Schwerpunkt bei den Menschen, der Krone der Schöpfung Gottes, denen er seinen Lebensatem eingehaucht hat (1. Mose 2,7). Unser Lob ist nicht auf Gottesdienste beschränkt. Im Gegenteil, solange wir atmen, loben wir ihn.